Impressum
Verlag: BABADADA GmbH, Nedderfeld 112 , 22529 Hamburg
Geschäftsführer / Verlagsleitung: Harald Hof
Druck: Books on Demand GmbH, In de Tarpen 42, 22848 Norderstedt

Imprint
Publisher: BABADADA GmbH, Nedderfeld 112 , 22529 Hamburg, Germany
Managing Director / Publishing direction: Harald Hof
Print: Books on Demand GmbH, In de Tarpen 42, 22848 Norderstedt

σχολείο

ikigo c' amashure

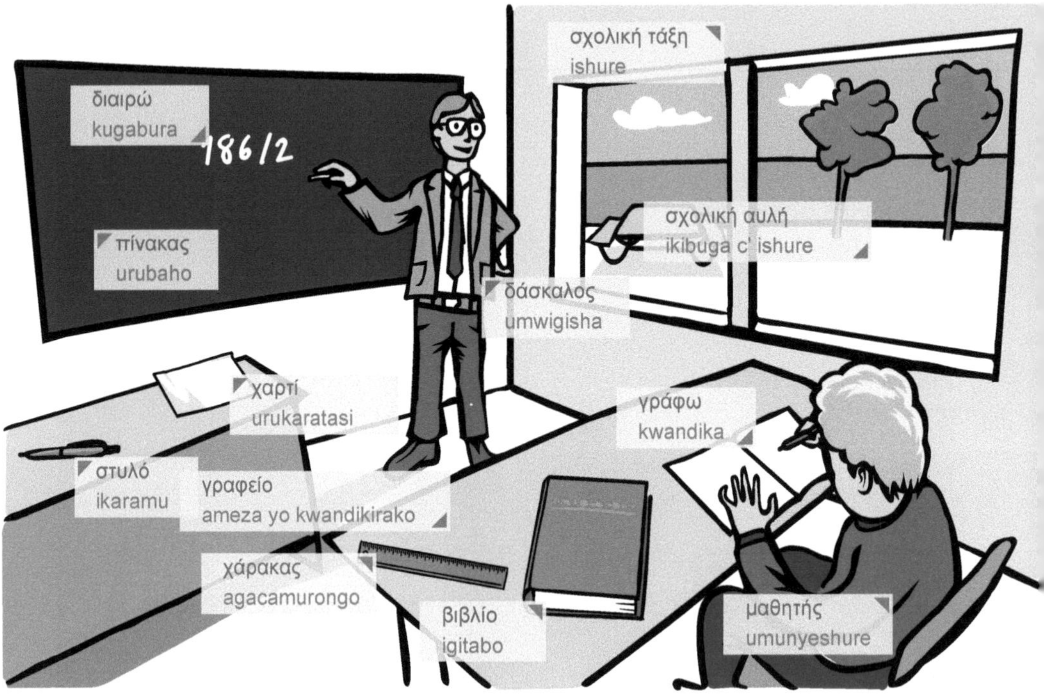

σχολική τάξη
ishure
διαιρώ
kugabura
186/2
πίνακας
urubaho
σχολική αυλή
ikibuga c' ishure
δάσκαλος
umwigisha
χαρτί
urukaratasi
γράφω
kwandika
στυλό
ikaramu
γραφείο
ameza yo kwandikirako
χάρακας
agacamurongo
βιβλίο
igitabo
μαθητής
umunyeshure

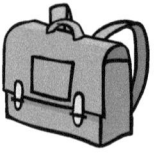

σχολική τσάντα

isakoshi y'' ishure

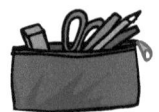

κασετίνα/ μολυβοθήκη

agasaho k' amakaramu

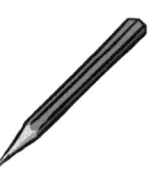

μολύβι

ikaramu y igiti

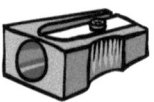

ξύστρα

agasongozo k ikaramu y igiti

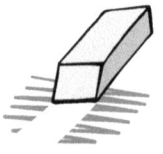

γόμα

igome

μπλοκ ζωγραφικής

ikaye yo gucapamwo

ζωγραφική

igicapo

πινέλο

ikaramu bacapisha irangi

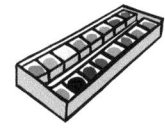

κουτί χρωμάτων

agasandugu kamabara

ψαλίδι

imikasi

κόλλα

kore

τετράδιο ασκήσεων

ikaye y' imyimenyerezo

εργασία για το σπίτι

imyimenyerezo yo muhira

αριθμός

igiharuro

προσθέτω

guteranya

αφαιρώ

gukuramwo

πολλαπλασιάζω

kugwiza

υπολογίζω

guharura

γράμμα

urudome

αλφάβητο

indome

λέξη

ijambo

κείμενο

igisomwa

διαβάζω

gusoma

κιμωλία

ingwa

μάθημα

icigwa

εγγράφομαι

igitabo c' ishure

τεστ

ikibazo

πιστοποιητικό

impamyabushobozi

μαθητική στολή

impuzu y' ishure

εκπαίδευση

kwiga

εγκυκλοπαίδεια

kazinduzi

πανεπιστήμιο

kaminuza

μικροσκόπιο

mikorosikopi

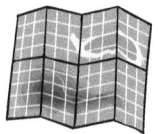

χάρτης

ikarata

καλάθι αχρήστων

agaseke bajugunyamo
amakaratasi

ταξίδι
urugendo

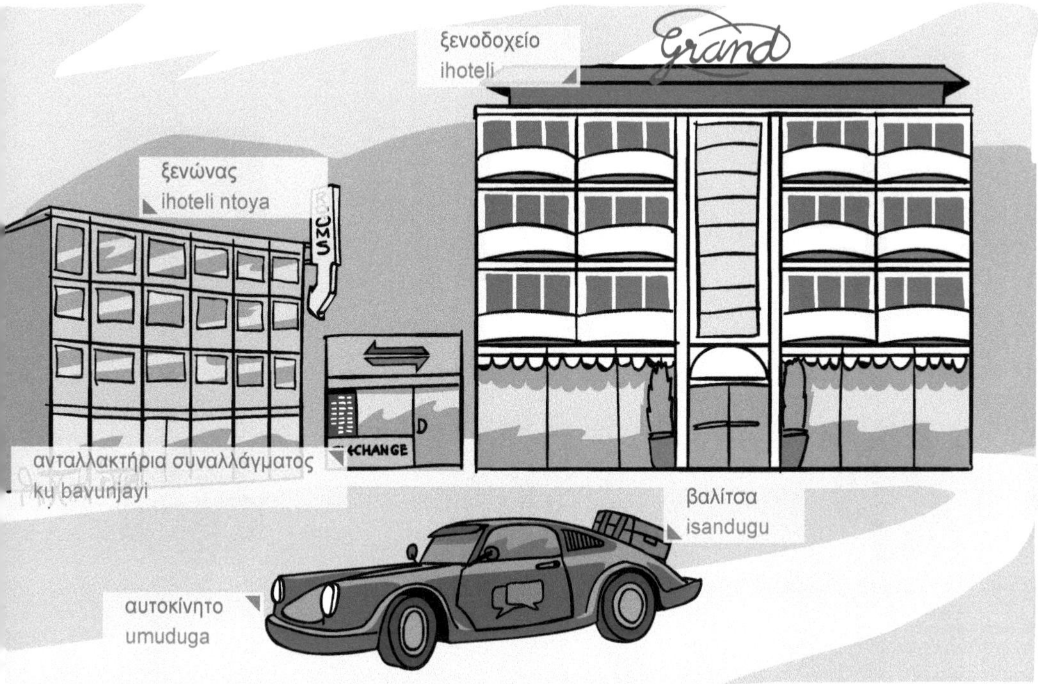
ξενοδοχείο
ihoteli
Grand
ξενώνας
ihoteli ntoya
ανταλλακτήρια συναλλάγματος
ku bavunjayi
βαλίτσα
isandugu
αυτοκίνητο
umuduga

γλώσσα

ururimi

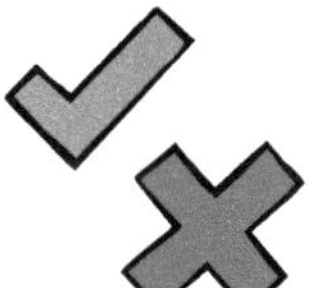

ναι / όχι

ego / oya

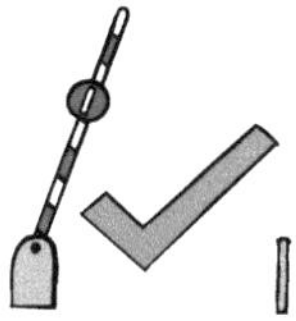

εντάξει

ego

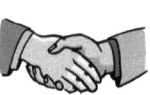

γεια σου

amahoro!

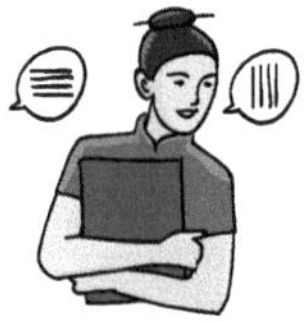

μεταφραστής

umuntu asigura

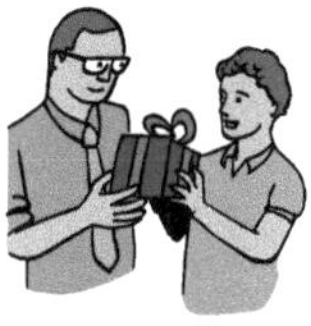

Ευχαριστώ

ndashimye

πόσο κάνει ;

ni angahe?

Δε καταλαβαίνω

sindabitahura

πρόβλημα

ingorane

Καλησπέρα!

mwiriwe!

Καλημέρα!

mwaramutse

Καληνύχτα!

ijoro ryiza!

Αντίο

nakagaruka

κατεύθυνση

inzira

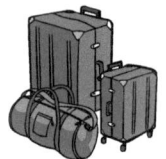

αποσκευές

imizigo

τσάντα

igapo

σακίδιο πλάτης

isaho baheka mu mugongo

καλεσμένος

umushitsi

δωμάτιο

icumba

υπνόσακος

umufuko wo kuraramo mu rugendo

σκηνή

ihema

τουριστικές πληροφορίες

kumenyesha ingenzi

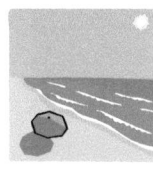

παραλία

ku musenyi

πιστωτική κάρτα

ikarata y' amahera

πρωινό

ifunguro rya mugatondo

μεσημεριανό

ifunguro ryo ku murango

δείπνο

ifunguro ry 'ijoro

εισιτήριο

itike

ανελκυστήρας

ingazi y' umuyagankuba

γραμματόσημο

umukono

σύνορα

umupaka

τελωνείο

duwane

πρεσβεία

ubuserukizi bw' igihugu

βίζα

viza

διαβατήριο

pasiporo

μεταφορά

gutwara abantu n' ibintu

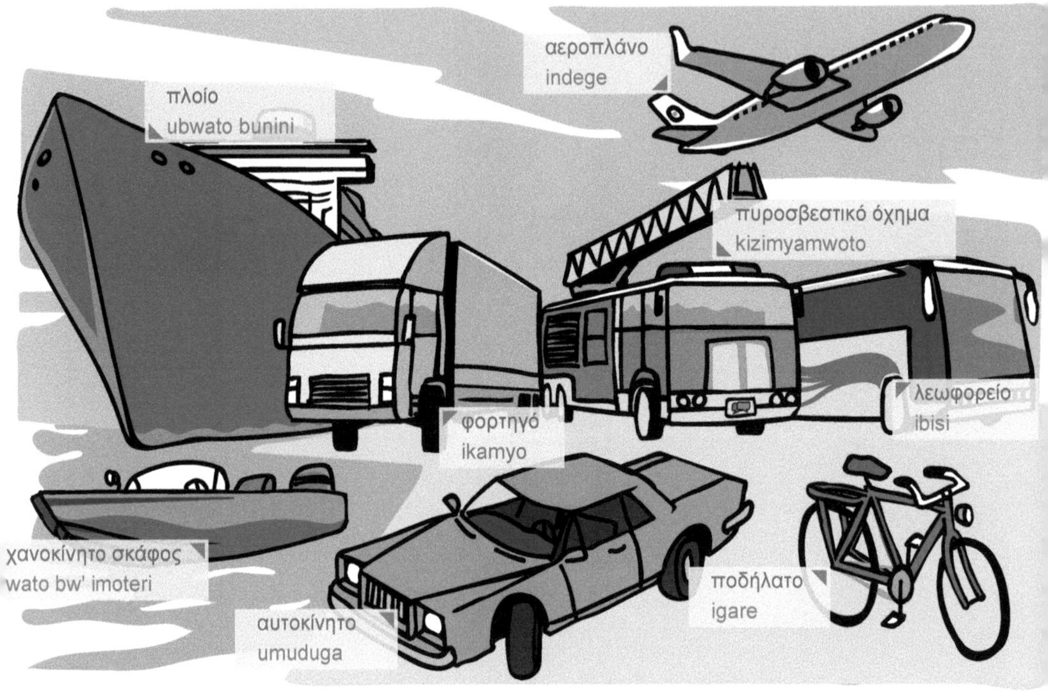

αεροπλάνο
indege
πλοίο
ubwato bunini
πυροσβεστικό όχημα
kizimyamwoto
λεωφορείο
ibisi
φορτηγό
ikamyo
χανοκίνητο σκάφος
wato bw' imoteri
ποδήλατο
igare
αυτοκίνητο
umuduga

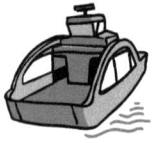

φεριμπότ

ubwato bunini

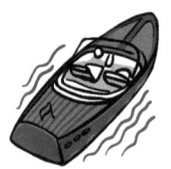

βάρκα

ubwato

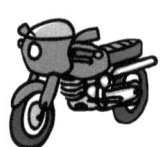

μοτοσικλέτα

ipikipiki

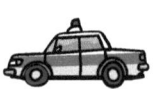

περιπολικό

umuduga w' igipolisi

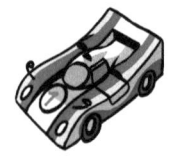

αγωνιστικό αυτοκίνητο

umuduga wa kuruse

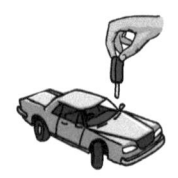

ενοικιαζόμενο αυτοκίνητο

umuduga bakodesha

διαμοιρασμός αυτοκινήτων

gukoresha imodoka imwe muri benshi

γερανός

uruduga ruheka izindi

απορριμματοφόρο

umuduga utwara umucafu

κινητήρας

imoteri

καύσιμο

igitoro

βενζινάδικο

ubunywero bw'ibitoro

πινακίδα σήμανσης

ibirango vyo ku mabarabara

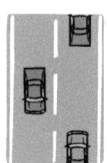

κυκλοφορία

uruja n' uruza

κυκλοφοριακή συμφόρηση

akajagari k' imiduga mw' ibarabara

χώρος στάθμευσης

igituro c' imiduga

σιδηροδρομικός σταθμός

igituro ca gari ya moshi

σιδηροδρομικές γραμμές

ibarabara rya gari ya moshi

τρένο

gari ya moshi

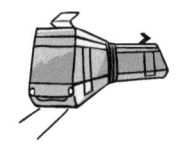

τραμ

gari ya moshi bita tram

βαγόνι

igipande ca gari ya moshi

ελικόπτερο

kajugujugu

αεροδρόμιο

ikibuga c' indege

πύργος

umunara

επιβάτης

ingenzi

εμπορευματοκιβώτιο

konteneri

χαρτοκιβώτιο

ikarato

καρότσι

isharete

καλάθι

icibo

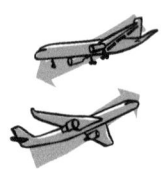

απογειώνομαι /
προσγειόνομαι

kuguruka / kugwa

χωριό

umutumba

κέντρο της πόλης

hagati mu gisagara

σπίτι

inzu

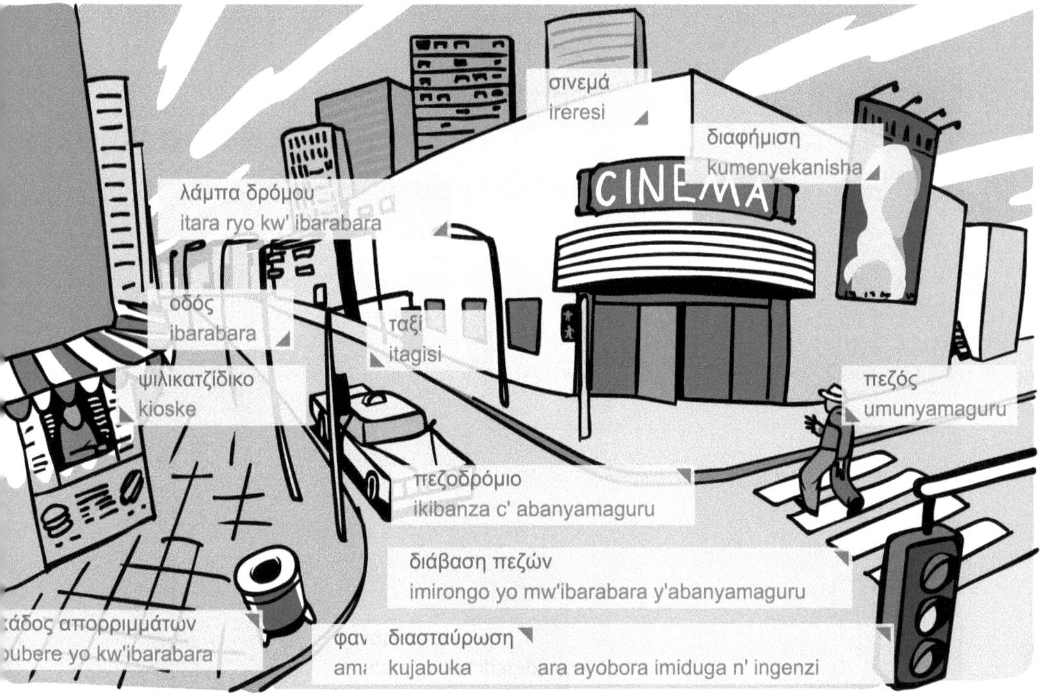

σινεμά
ireresi

διαφήμιση
kumenyekanisha

λάμπα δρόμου
itara ryo kw' ibarabara

οδός
ibarabara

ταξί
itagisi

ψιλικατζίδικο
kioske

πεζός
umunyamaguru

πεζοδρόμιο
ikibanza c' abanyamaguru

διάβαση πεζών
imirongo yo mw'ibarabara y'abanyamaguru

:άδος απορριμμάτων
ubere yo kw'ibarabara

φαν διασταύρωση
am: kujabuka

ara ayobora imiduga n' ingenzi

καλύβα

akazu k' ikirundi

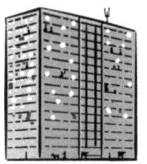

διαμέρισμα

aparitema

σιδηροδρομικός σταθμός

igituro ca gari ya moshi

δημαρχείο

meri

μουσείο

iratiro ry' ivyakera

σχολείο

ikigo c' amashure

πανεπιστήμιο

kaminuza

τράπεζα

ibanki

νοσοκομείο

ibitaro

ξενοδοχείο

ihoteli

φαρμακείο

farumasi

γραφείο

ibiro

βιβλιοπωλείο

aho badandaza ibitabo

κατάστημα

akaduka

ανθοπωλείο

umudandaza w'amashugwe

σούπερ μάρκετ

supermarshe

αγορά

isoko

πολυκατάστημα

iduka

ιχθυοπωλείο

umudandaza w' amafi

εμπορικό κέντρο

ihuriro ry'amaduka

λιμάνι

ikivuko

πάρκο

ikibanza batemberamwo

παγκάκι

intebe ndende

γέφυρα

ikiraro

σκάλες

ingazi

μετρό

gari ya moshi bita métro

τούνελ

ibarara ry' indani y' isi

στάση λεωφορείου

igituro c' amabisi

μπαρ

ubunywero

εστιατόριο

resitora

γραμματοκιβώτιο

ahaja amakete

πινακίδα δρόμου

ikirango co kw' ibarabara

παρκόμετρο

isaha yo ku gituro c' imiduga

ζωολογικός κήπος

iratiro ry' ibikoko

πισίνα

pisine

τζαμί

umusigiti

αγρόκτημα

ubwororero

ρύπανση

konona ibidukikije

νεκροταφείο

akaburi

εκκλησία

kw'isengero

παιδική χαρά

ikibuga

ναός

inyubako za kera bita temple

τοπίο
imisozi

φύλλο
ikibabi

πινακίδα κατεύθυνσης
ivyapa

δρόμος
inzira

λιβάδι
ubwatsi bita gazon

πέτρα
ibuye

δέντρο
igiti

πεζοπόρος
umuntu atembera kure n' amaguru

ποτάμι
uruzi

χορτάρι
ubwatsi

λουλούδι
ishugwe

κοιλάδα
ikiyaya

λόφος
umusozi

λίμνη
ikiyaga

δάσος
ishamba

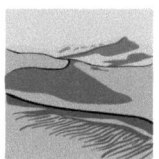

έρημος
ubugaragwa

ηφαίστειο
ikirunga

κάστρο
ishato

ουράνιο τόξο
umunywamazi

μανιτάρι
ikizinu

φοίνικας
ikigazi

κουνούπι
umubu

μύγα
isazi

μυρμήγκι
urutozi

μέλισσα
uruyuki

αράχνη
igitangurigwa

σκαθάρι

agakoko gato bita
coléoptère

βάτραχος

igikere

σκίουρος

agakoko bita écureuil

σκαντζόχοιρος

ikinyogote

λαγός

urukwavu

κουκουβάγια

igihuna

πουλί

inyoni

κύκνος

imbata

αγριογούρουνο

ingurube y' ishamba

ελάφι

idubu

άλκη

igikoko bita élan

φράγμα

urugomero

ανεμογεννήτρια

icuma gitanga
umuyagankuba

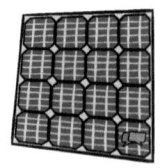

ηλιακός συλλέκτης

ikimuri c' imishwarara

κλίμα

igihe

εστιατόριο
resitora

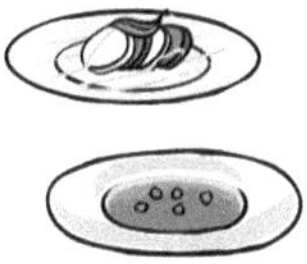

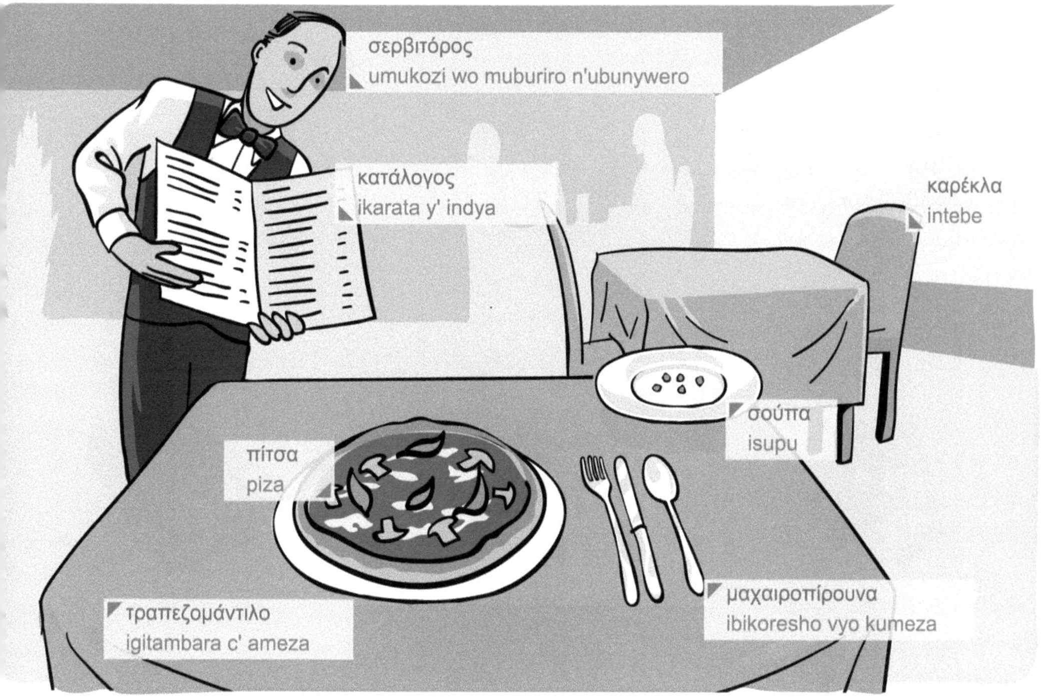

σερβιτόρος
umukozi wo muburiro n'ubunywero
κατάλογος
ikarata y' indya
καρέκλα
intebe
σούπα
isupu
πίτσα
piza
τραπεζομάντιλο
igitambara c' ameza
μαχαιροπίρουνα
ibikoresho vyo kumeza

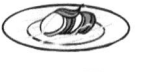

ορεκτικό

indya y' ibanze

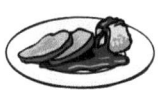

κύριο πιάτο

indya nkuru

επιδόρπιο

deseri

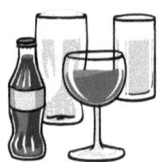

ποτά

inyobwa

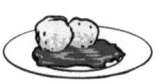

φαγητό

infungugwa

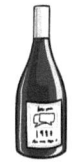

μπουκάλι

icupa

φαστ φουντ

infungugwa batekanye ingoga

φαγητό στ' όρθιο

Infungugwa barya bagenda

τσαγιέρα

ibirika y' icayi

δοχείο ζάχαρης

agakopo k' isukari

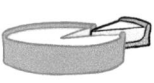

μερίδα

igipande c' indya

μηχανή εσπρέσο

imachini ikora espresso

ψηλή καρέκλα

intebe ndende

λογαριασμός

inyemazabuguzi

δίσκος

ako batwarako infungugwa

μαχαίρι

imbugita yo kumeza

πιρούνι

ikanya

κουτάλι

ikiyiko

κουταλάκι του τσαγιού

akayiko k' icayi

πετσέτα φαγητού

seriviyeti

ποτήρι

ikirahuri

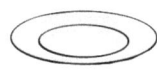

πιάτο

isahani

πιάτο σούπας

isahani y' isupu

πιατάκι φλιτζανιού

isutasi

σάλτσα

isosi

αλατιέρα

akanyanyagiza umunyu ku ndya

μύλος για πιπέρι

agasya ipiripiri

ξύδι

vinaigre

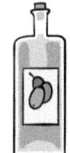

λάδι

amavuta

μπαχαρικά

indyoshandya

κέτσαπ

kecapu

μουστάρδα

mutaride

μαγιονέζα

mayoneze

σούπερ μάρκετ
supermarshe

προσφορά
ivyagabanyijwe igiciro
FOR
πελάτης
umuguzi
γαλακτοκομικά προϊόντα
ibiva ku mata
φρούτα
icamwa
καρότσι για ψώνια
agakinga ko mw' iduka

BUTCHERS

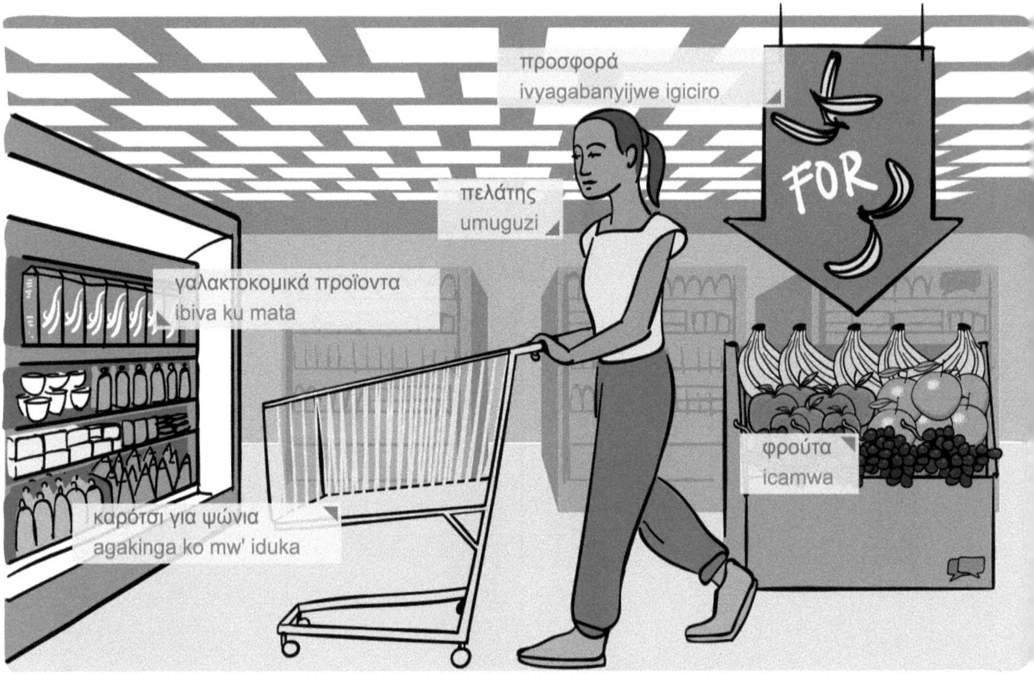

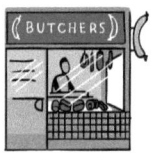

κρεοπωλείο

amacuniro

BAKERY

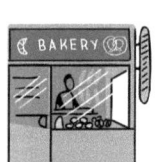

φούρνος

iburangeri

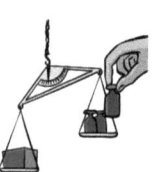

ζυγίζω

gupima

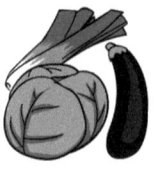

λαχανικά

imboga

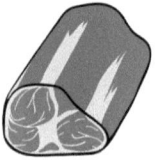

κρέας

inyama

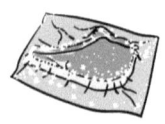

κατεψυγμένα τρόφιμα

Imfungurwa zikanye cane

αλλαντικά

infungugwa bita charcuterie en tranches

κονσερβοποιημένη τροφή

amafunguro yo mu mabwate

απορρυπαντικό ρούχων

isabune yo kumesura

γλυκά

ibisosa

οικιακά είδη

ibikoresho vyo muhira

καθαριστικά προϊόντα

ibikoresho vy'isuku

πωλήτρια

umudandaza

ταμείο

kese

ταμίας

umuntu yakira amahera

λίστα για ψώνια

urutonde rw' ibidandazwa

ωράριο λειτουργίας

amasaha yo kugurura

πορτοφόλι

ingodomoni

πιστωτική κάρτα

ikarata y' amahera

τσάντα

isakoshe

πλαστική σακούλα

ishakoshe ya parastike

νερό

amazi

χυμός

umutobe

γάλα

amata

κόκα κόλα

koka

κρασί

umuvinyo

μπίρα

ikiyeri

αλκοόλ

inzoga

κακάο

kakao

τσάι

icayi

καφές

ikawa

εσπρέσο

ikawa yitwa espresso

καπουτσίνο

ikawa yitwa kapucino

μπανάνα

umuhwi

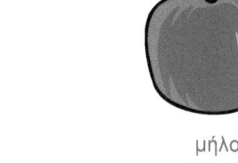

μήλο

ipome

πορτοκάλι

umucungwe

πεπόνι

icamwa bita melon

λεμόνι

indimu

καρότο

ikaroti

σκόρδο

igitungurusumu

μπαμπού

umugano

κρεμμύδι

igitunguru

μανιτάρι

ikizinu

ξηροί καρποί

ibiyoba

νουντλς

amakaroni

μακαρόνια

spagetti

ρύζι

umuceri

σαλάτα

isarade

πατατάκια

ifiriti

τηγανητές πατάτες

ifiriti

πίτσα

piza

χάμπουργκερ

hamburugere

σάντουιτς

sandwich

κοτολέτα

infungugwa bita escalope

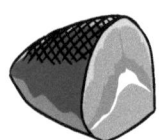

ζαμπόν

jambo

σαλάμι

salami

λουκάνικο

isosiso

κοτόπουλο

inyama y' inkoko

ψητό

umusoso

ψάρι

ifi

χυλός βρώμης

infungugwa bita flocons d' avoine

μούσλι

imfungugwa bita müsli

κορν φλέικς

infungugwa bita corn - flakes

αλεύρι

ifarini

κρουασάν

umukate bita croissant

ψωμάκι

umukate muto

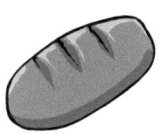

ψωμί

umukate

τοστ

umukate bashusha

μπισκότα

ibisuguti

βούτυρο

amavuta

τυρόπηγμα

iforomaji yera

κέικ

igato

αυγό

irigi

τηγανητό αυγό

amafunguro bita oeuf au plat

τυρί

iformaji

παγωτό

infungugwa bita crème glacée

ζάχαρη

isukari

μέλι

ubuki

μαρμελάδα

ikonfitire

άλλειμμα σοκολάτας

imfungugwa bita praliné

κάρυ

infungugwa bita curry

αγρόκτημα
ubwororero

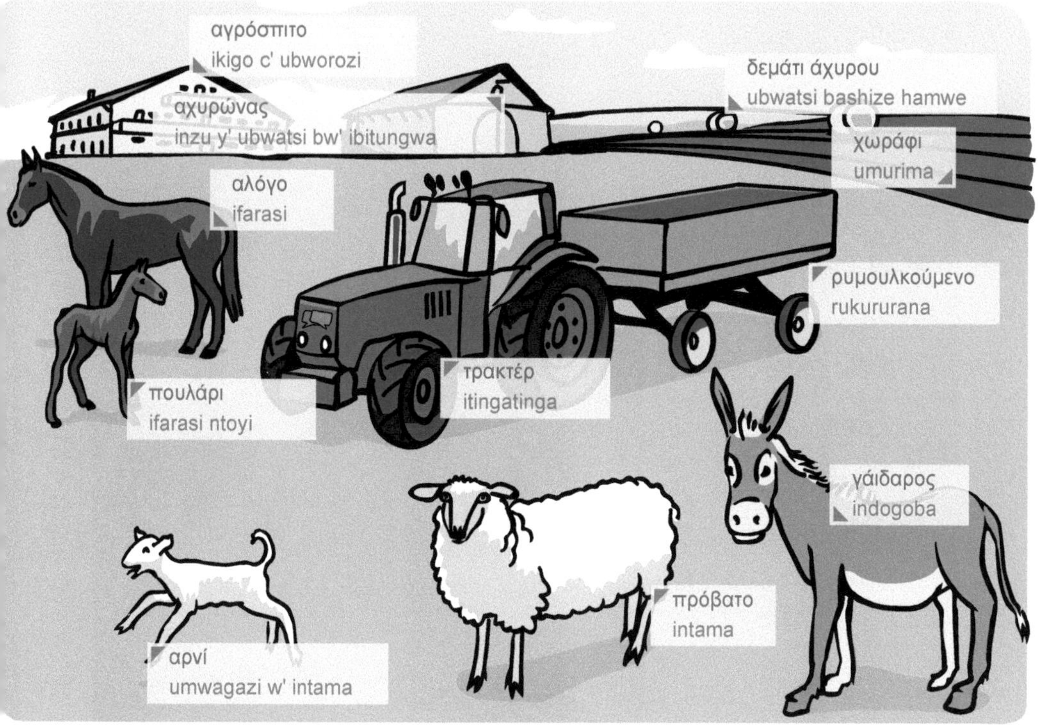
αγρόσπιτο
ikigo c' ubworozi
αχυρώνας
inzu y' ubwatsi bw' ibitungwa
δεμάτι άχυρου
ubwatsi bashize hamwe
χωράφι
umurima
αλόγο
ifarasi
ρυμουλκούμενο
rukururana
τρακτέρ
itingatinga
πουλάρι
ifarasi ntoyi
γάιδαρος
indogoba
πρόβατο
intama
αρνί
umwagazi w' intama

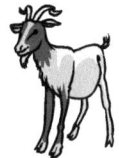

κατσίκα

impene

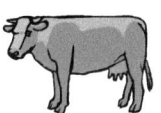

αγελάδα

inka

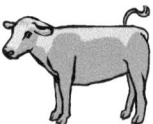

μοσχαράκι

inyana

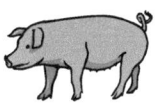

γουρούνι

ingurube

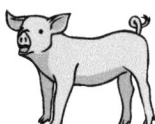

γουρουνάκι

ikibuguru

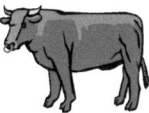

ταύρος

impfizi

χήνα

inyoni yitwa oie

πάπια

imbata

κοτοπουλάκι

umuswi

κότα

inkokokazi

κόκορας

isake

αρουραίος

imbeba nini

γάτα

akayabu

ποντίκι

imbeba

βόδι

ishuri

σκύλος

imbwa

σπιτάκι σκύλου

umusaka w'imbwa

λάστιχο κήπου

umuringoti wo kuvomerera
umurima

ποτιστήρι

ico bakoresha basukira
amashurwe

θεριστήρι

urukero

αλέτρι

majagu

δρεπάνι

umuhoro

τσάπα

isuka

δίκρανο

ikinyanyagiza ibitabizo irya n'ino

τσεκούρι

ishoka

χειράμαξα

inkorofani

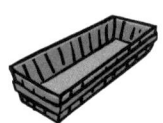

ταΐστρα

ubwato

δοχείο γάλακτος

icansi

σάκος

umufuko

φράχτης

urugo

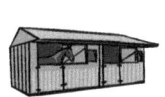

στάβλος

indaro y' ibitungwa

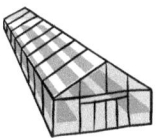

θερμοκήπιο

utuzu bashusha kugirango ibimera birimwo bikure

έδαφος

isi

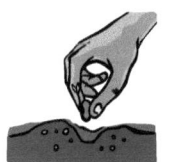

σπόρος

imbuto

λίπασμα

ifumbire

θεριζοαλωνιστική μηχανή

imashini yimbura

θερίζω

kwimbura

συγκομιδή

umwimbu

γιαμς

infungugwa bita igname

σιτάρι

ingano

σόγια

isoya

πατάτα

ikiraya

καλαμπόκι

ikigori

κράμβη

ubwoko bw' ingano bita
colza

οπωροφόρο δέντρο

igiti c' ivyamwa

μανιόκα

imyumbati

δημητριακά

ibinyantete

σπίτι

inzu

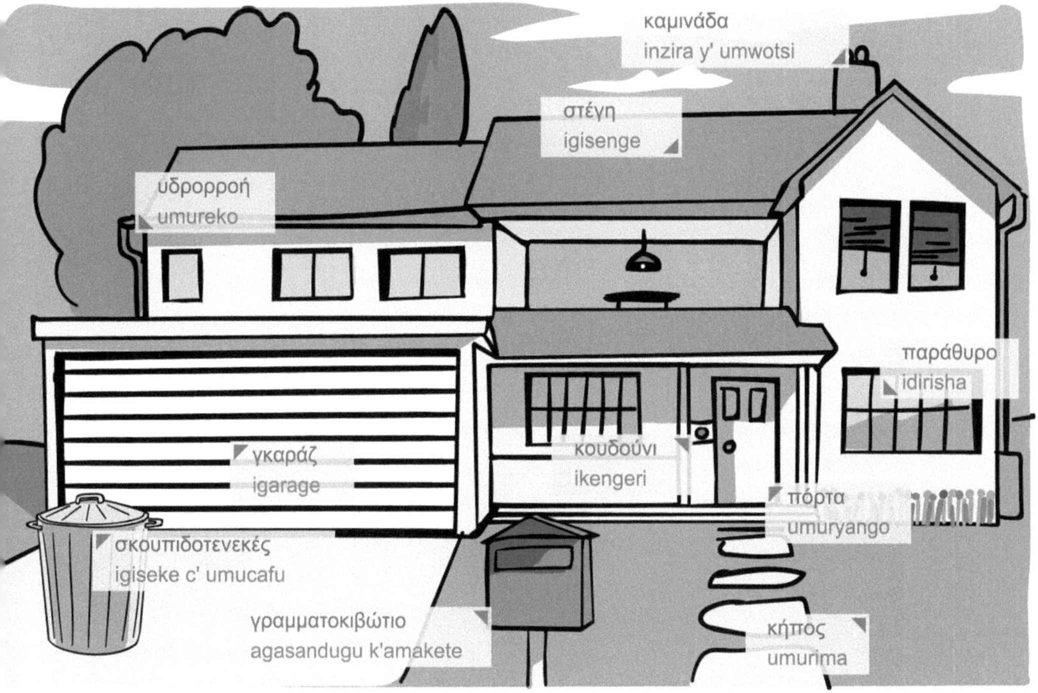

καμινάδα
inzira y' umwotsi
στέγη
igisenge
υδρορροή
umureko
παράθυρο
idirisha
γκαράζ
igarage
κουδούνι
ikengeri
πόρτα
umuryango
σκουπιδοτενεκές
igiseke c' umucafu
γραμματοκιβώτιο
agasandugu k'amakete
κήπος
umurima

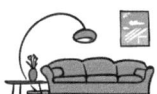

σαλόνι

isaro

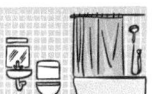

μπάνιο

ubwogero

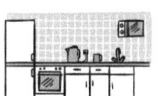

κουζίνα

igikoni

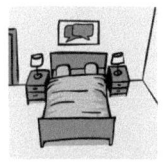

υπνοδωμάτιο

icumba co kuraramo

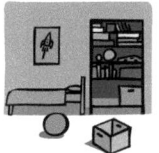

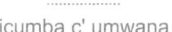

παιδικό δωμάτιο

icumba c' umwana

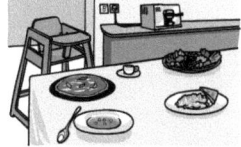

τραπεζαρία

uburiro

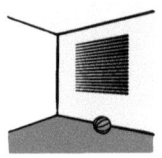

πάτωμα
hasi

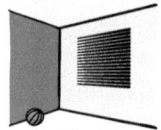

τοίχος
uruhome

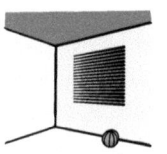

οροφή
igisenge c' inzu

κελάρι
kave

σάουνα
sauna

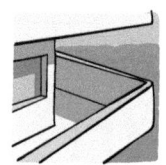

μπαλκόνι
ibaraza

βεράντα
ibaraza

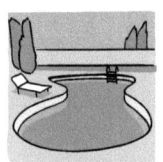

πισίνα
aho bogera

μηχανή του γκαζόν
itondezi

σεντόνι
igikaratasi

κάλυμμα κρεβατιού
uburengeti

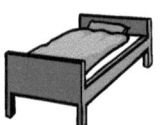

κρεβάτι
uburiri

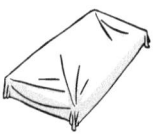

σκούπα
umweyerezo

κουβάς
indobo

διακόπτης
akabuto

σαλόνι
isaro

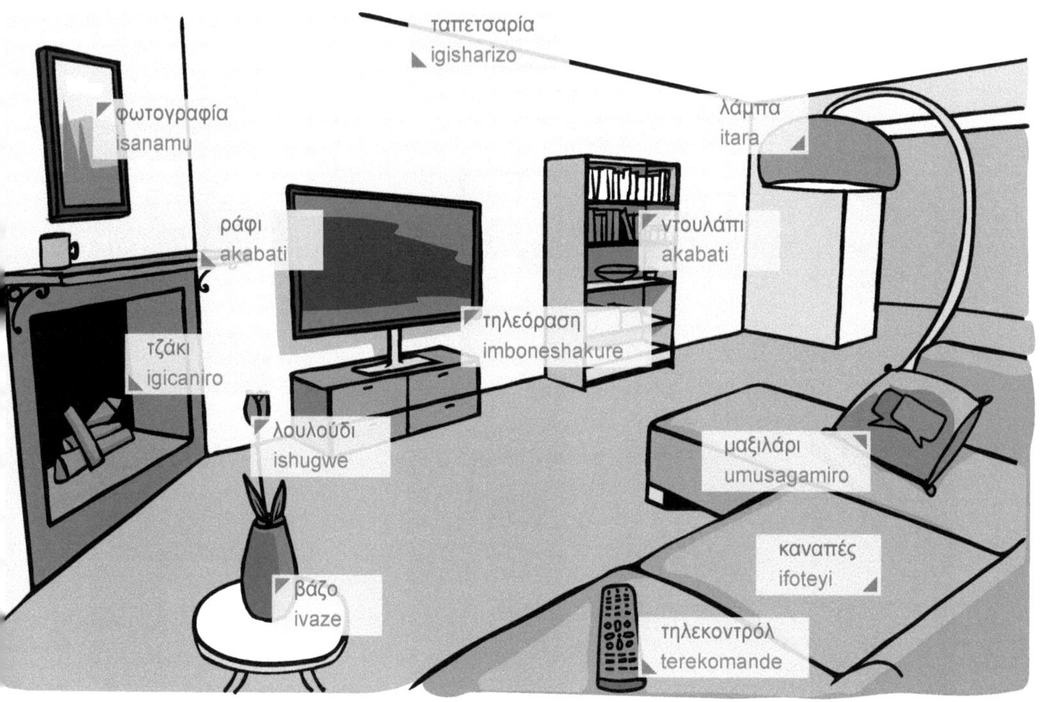
ταπετσαρία
igisharizo
φωτογραφία
isanamu
λάμπα
itara
ράφι
akabati
ντουλάπι
akabati
τηλεόραση
imboneshakure
τζάκι
igicaniro
λουλούδι
ishugwe
μαξιλάρι
umusagamiro
καναπές
ifoteyi
βάζο
ivaze
τηλεκοντρόλ
terekomande

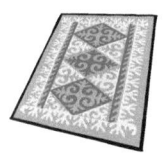

χαλί

itapi

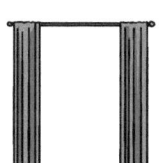

κουρτίνα

irido

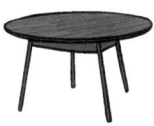

τραπέζι

ameza

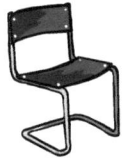

καρέκλα

intebe

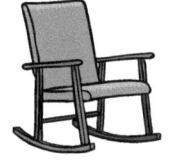

κουνιστή πολυθρόνα

intebe icundera

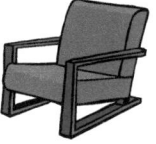

πολυθρόνα

ifoteyi

βιβλίο

igitabo

κουβέρτα

ikirengeti

διακόσμηση

ibitako

καυσόξυλα

inkwi

ταινία

ireresi

στερεοφωνικό σύστημα

ivyuma vy' umuziki

κλειδί

urufunguruzo

εφημερίδα

ikinyamakuru

πίνακας ζωγραφικής

gusiga amarangi

αφίσα

isanamu nini

ραδιόφωνο

insamirizi

σημειωματάριο

ikaye ndangaminsi

ηλεκτρική σκούπα

asipirateri

κάκτος

icimera bita cactus

κερί

ibuji

κουζίνα
igikoni

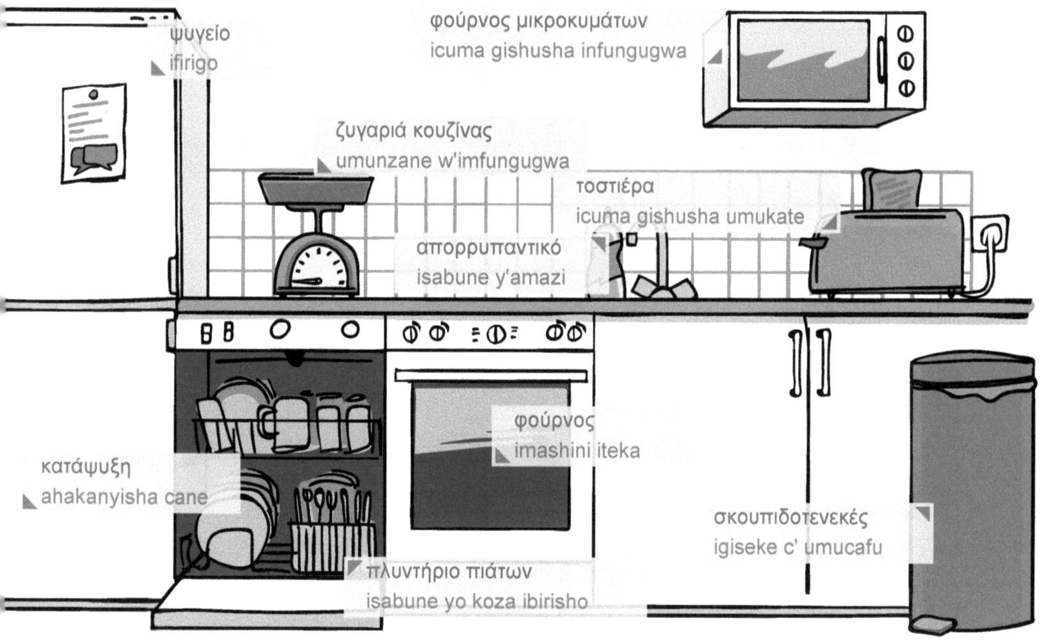

ψυγείο
ifirigo
φούρνος μικροκυμάτων
icuma gishusha infungugwa
ζυγαριά κουζίνας
umunzane w'imfungugwa
τοστιέρα
icuma gishusha umukate
απορρυπαντικό
isabune y'amazi
φούρνος
imashini iteka
κατάψυξη
ahakanyisha cane
σκουπιδοτενεκές
igiseke c' umucafu
πλυντήριο πιάτων
isabune yo koza ibirisho

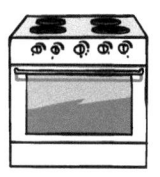

κουζίνα

ishiga

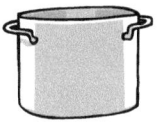

κατσαρόλα

isafuriya

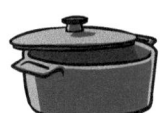

μαντεμένια κατσαρόλα

isafuriya y' icuma

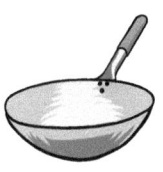

γουόκ/καντάι

ipanu bita wok

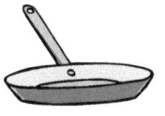

τηγάνι

ipanu

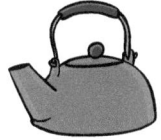

βραστήρας

akuma gashusha amazi

ατμομάγειρας

isafuriya itekesha umuhisha

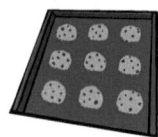

ταψί

ico bakorerako imikate

πιατικά

ibirisho

κούπα

igikombe

μπολ

ibakure

ξυλάκια

uduti two kurisha

κουτάλα

icaruzo c' isupu

σπάτουλα

ikimamiro

ανακατεύω

agakubitisho

σουρωτήρι

imashini isya ibifungurwa

σουρωτηράκι

akayunguruzo

τρίφτης

agakatakata imfungugwa

γουδί

agasekuro

ψησταριά

icokerezo

ανοιχτή φωτιά

urucaniro

σανίδα κοπής

urubaho rwo gukatirako

πλάστης

akabaho bakoresha spageti

ανοιχτήρι φελλών

urupfunguzo rw'umuvinyu

κονσέρβα

agasandugu

ανοιχτήρι κονσέρβας

urupfunguzo
rw'agasandugu

γάντι φούρνου

ivyo gufatisha isafuriya
ishushe

νεροχύτης

icogerezo

βούρτσα

uburoso

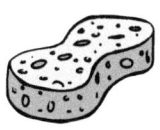

σφουγγάρι

ivyogesho

μπλέντερ

imigiseri

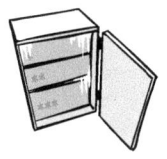

καταψύκτης

frigo nini ikanyisha cane

μπιμπερό

bibero

βρύση

ivomo

μπάνιο
ubwogero

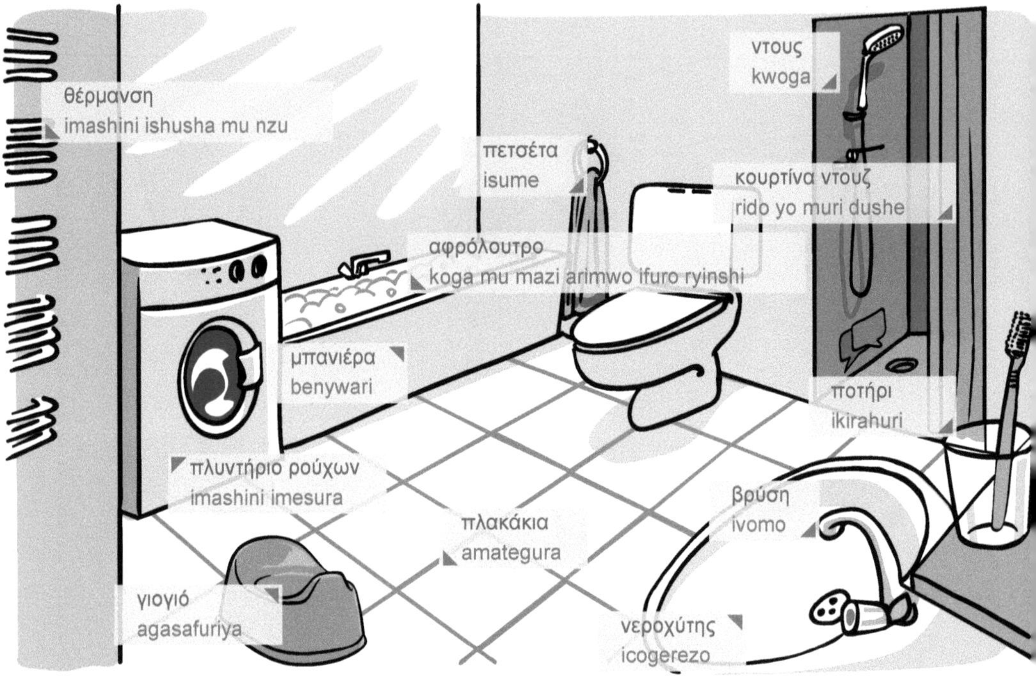

θέρμανση
imashini ishusha mu nzu
ντους
kwoga
πετσέτα
isume
κουρτίνα ντουζ
rido yo muri dushe
αφρόλουτρο
koga mu mazi arimwo ifuro ryinshi
μπανιέρα
benywari
ποτήρι
ikirahuri
πλυντήριο ρούχων
imashini imesura
βρύση
ivomo
πλακάκια
amategura
γιογιό
agasafuriya
νεροχύτης
icogerezo

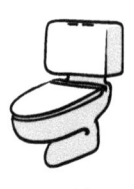

τουαλέτα

Akazu ka surwumwe

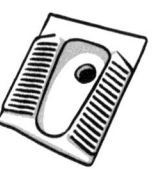

τούρκικη τουαλέτα

akazu ka surwumwe k'ikirundi

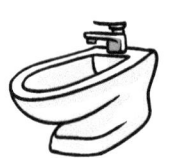

μπιντές

akantu gatoya bogeraho

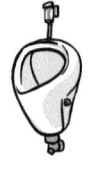

ουρητήριο

aho basoba

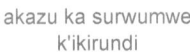

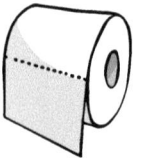

χαρτί υγείας

ibikaratase vyo kwi sukuza mu nzu ya surwumwe

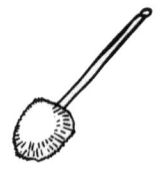

πιγκάλ

uburoso bwoza akazu ka surwumwe

οδοντόβουρτσα

umujigiti

οδοντόκρεμα

umuti wo koza amenyo

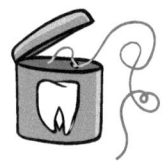

οδοντικό νήμα

utugozi two gusukura
amenyo

πλένω

koza

τηλέφωνο ντους

ikinyuko

ντουσιέρα

ubwoko bwa dushe

λεκάνη

ico bakarabiramo intoki

βούρτσα πλάτης

uburoso busukura mu
mugongo

σαπούνι

isabune

αφρόλουτρο

isabuni yo kwoga

σαμπουάν

shampo

φανέλα

agatambara ko kwisukura

σιφόνι

umuringoti

κρέμα

amavuta yo kwisiga

αποσμητικό

iparufe yo mu kwaha

καθρέφτης

icirore

καθρέφτης χειρός

icirore

ξυραφάκι

imashini imwa ubwanwa

αφρός ξυρίσματος

ifuro ryo kumwa ubwanwa

αφτερσέιβ

umuti basiga aho bamoye

χτένα

igisokozo

βούρτσα

uburoso

σεσουάρ

akuma kumutsa umushatsi

λακ

amavuta bapuriza mu mushatsi

μακιγιάζ

ibikoresho vyo kwipodora

κραγιόν

amavuta afise ibara yo k'umunywa

βερνίκι νυχιών

verni y'inzara

βαμβάκι

ipampa

ψαλίδι νυχιών

umukasi uca inzara

άρωμα

iparufe

νεσεσέρ

agasaho k' ivyo kwisukura
ku rugendo

σκαμπό

agatebe

ζυγαριά

umunzane

μπουρνούζι

penywari

ελαστικά γάντια

udufuko tw' intoke iyo
bakora isuku

ταμπόν

kotegisi

πετσέτα υγιεινής

kotegisi

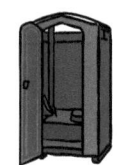

χημική τουαλέτα

ubwoko bw'akazu ka
surwumwe

παιδικό δωμάτιο
icumba c' umwana

ξυπνητήρι
isaha ivyura
λούτρινο ζωάκι
agakoko k' agapupe
αυτοκινητάκι
ikijuwe c' umuduga
κουδουνίστρα
ikijuwe c' ibibondo bita hochet
κουκλόσπιτο
inzu badandaza amapupe
δώρο
akaganuke

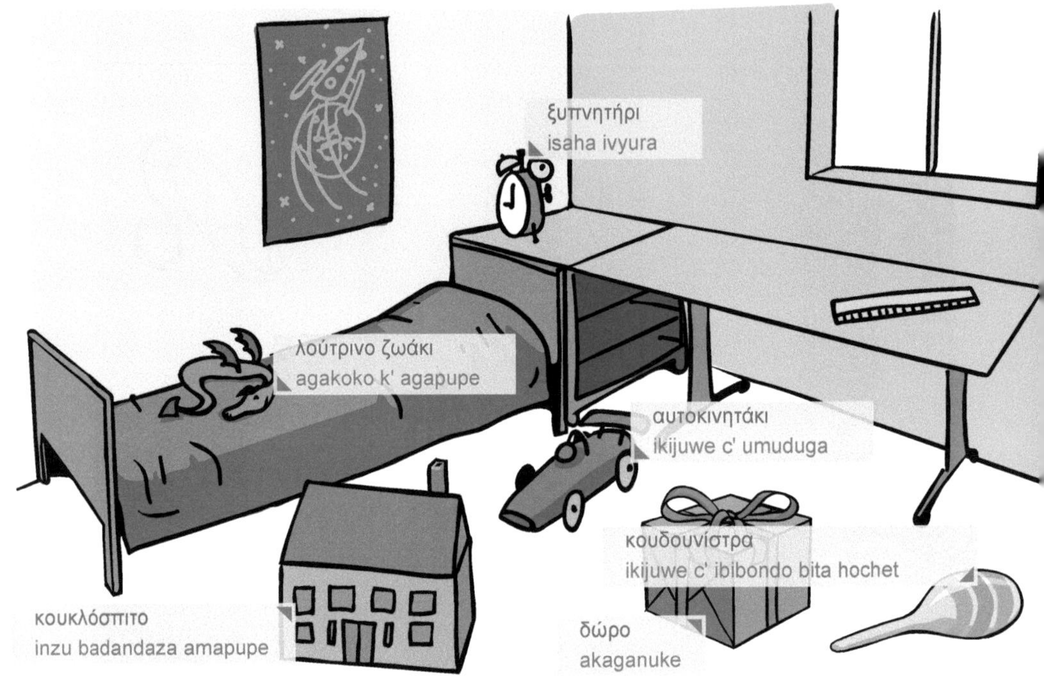

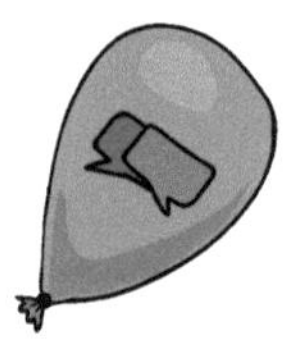

μπαλόνι

igipurizo

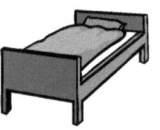

κρεβάτι

uburiri

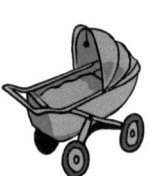

καροτσάκι

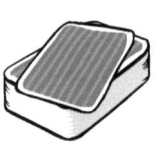

τράπουλα

urukino rw' ikarata

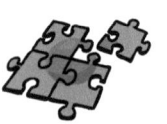

παζλ

urukino bita puzile

SUPER
MEGA

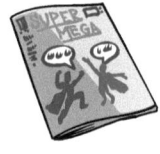

κόμικς

ibitabo vy' amashusho

τουβλάκια lego

urukino bita lego

τουβλάκια κατασκευών

ibijuwe vyo kubaka

φιγούρα δράσης

ipupe

βρεφικό φορμάκι

impuzu yo kurarana y abana

φρίσμπι

urukino bita frisbi

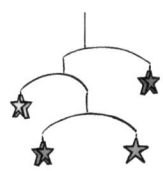

μόμπιλο

udukinisho two ku buriri bw' ibibondo

επιτραπέζιο παιχνίδι

urukino rwo kumeza

ζάρια

agakinisho bita de

σετ τρενάκι

gari ya moshi z' ibikinisho

πιπίλα

madanganya

πάρτι

umunsi mukuru

εικονογραφημένο βιβλίο

igitabo c' ibicapo

μπάλα

umupira

κούκλα

igipupe

παίζω

gukina

σκάμμα με άμμο

umusenyi abana
bakiniramwo

κούνια

uruvuma

παιχνίδια

ikijuwe

κονσόλα βιντεοπαιχνιδιών

urukino nyabwonko

τρίκυκλο

ikinga ry'amapine atatu

αρκουδάκι

igikoko bita ours c 'ikijuwe

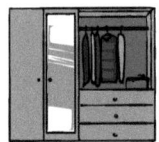

ντουλάπα

akabati k' impuzu

ρούχα
impuzu

κάλτσες

amashesheti

καλτσοδέτες

amashesheti maremare

καλσόν

ubwoko bw'impuzu zifata
kandi zigaruka cane

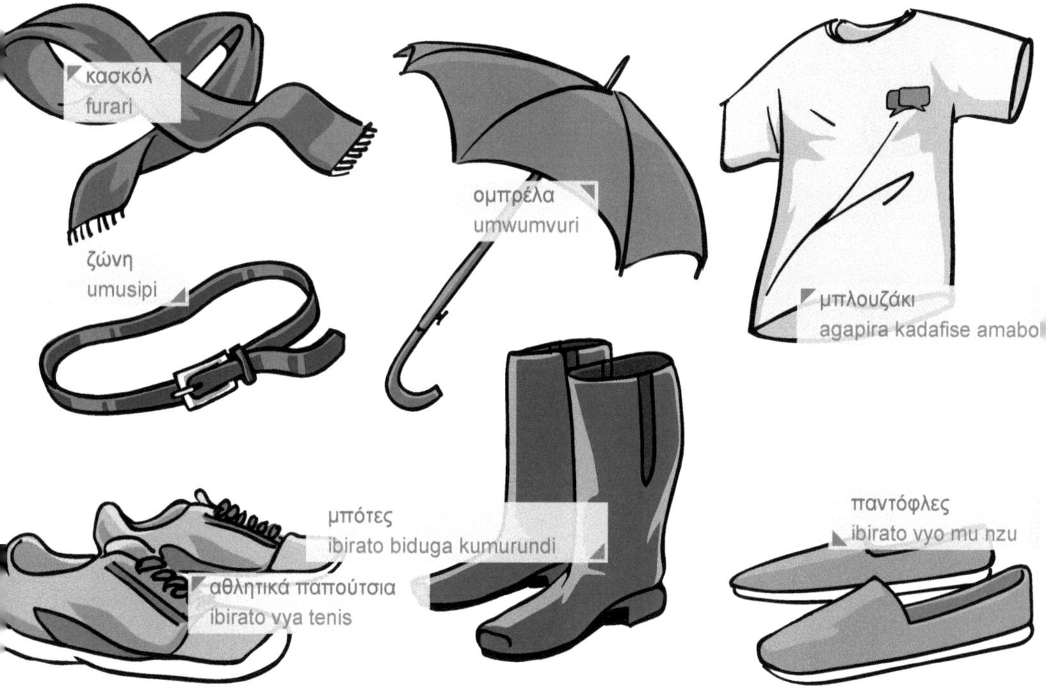

κασκόλ
furari

ζώνη
umusipi

ομπρέλα
umwumvuri

μπλουζάκι
agapira kadafise amabo

μπότες
ibirato biduga kumurundi

αθλητικά παπούτσια
ibirato vya tenis

παντόφλες
ibirato vyo mu nzu

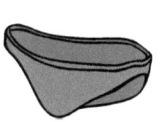

σανδάλια
....
isandari

παπούτσια
....
ibirato

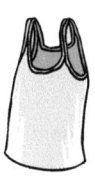

γαλότσες
....
ingamiya

εσώρουχο
....
imwesho

σουτιέν
....
isutiye

φανέλα
....
isengeri

σώμα

impuzu z' imbere

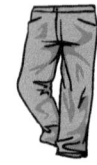

παντελόνι

ipantaro

τζιν παντελόνι

ijinisi

φούστα

ijipo

μπλούζα

agashati koroshe kabagore

πουκάμισο

ishati

πουλόβερ

umupira w' imbeho

πουλόβερ

umupira w'imbeho ufise inkofero

σακάκι

blazeri

μπουφάν

ikoti

παλτό

ikoti rirerire

αδιάβροχο πανωφόρι

ikoti y'imvura

κοστούμι

kositime

φόρεμα

ikanzu

νυφικό

ikazu y'umugeni

κοστούμι

kositime

νυχτικό

ikanzu yo kurarana

πιτζάμες

impuzu z' ijoro

σάρι

imvutano z'abahindi

μαντήλι

igitambara co mu mutwe

τουρμπάνι

igitambara co mu mutwe
bita turban

μπούρκα

impuzu z' abasiramukazi

καφτάνι

ikanzu bita kaftan

μουσουλμανικό ένδυμα

impuzu y' abasiramu

ολόσωμο μαγιό

impuzu yo kogana

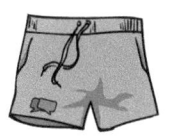

ανδρικό μαγιό

impuzu yo kwogana
y'abagabo

σορτς

imwesho

αθλητική φόρμα

itereningi

ποδιά

itaburiya

γάντια

udufuko tw' intoke

κουμπί

igifungo

γυαλιά

amarori

βραχιόλι

igikomo

περιδέραιο

akadede

δαχτυλίδι

impeta

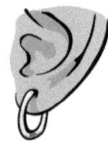

σκουλαρίκι

ihereni

καπέλο

inkofero

κρεμάστρα

porutemanto

καπέλο

inkofero

γραβάτα

karavate

φερμουάρ

imashini

κράνος

inkofero yo kwikingira

τιράντες

imisipi

μαθητική στολή

impuzu y' ishure

στολή

umwambaro rusangi
w'ahantu

σαλιάρα
utwo bambika ibibondo iyo birya

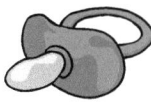

πιπίλα
madanganya

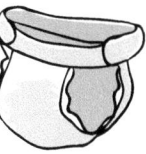

πάνα
iranje

γραφείο
ibiro

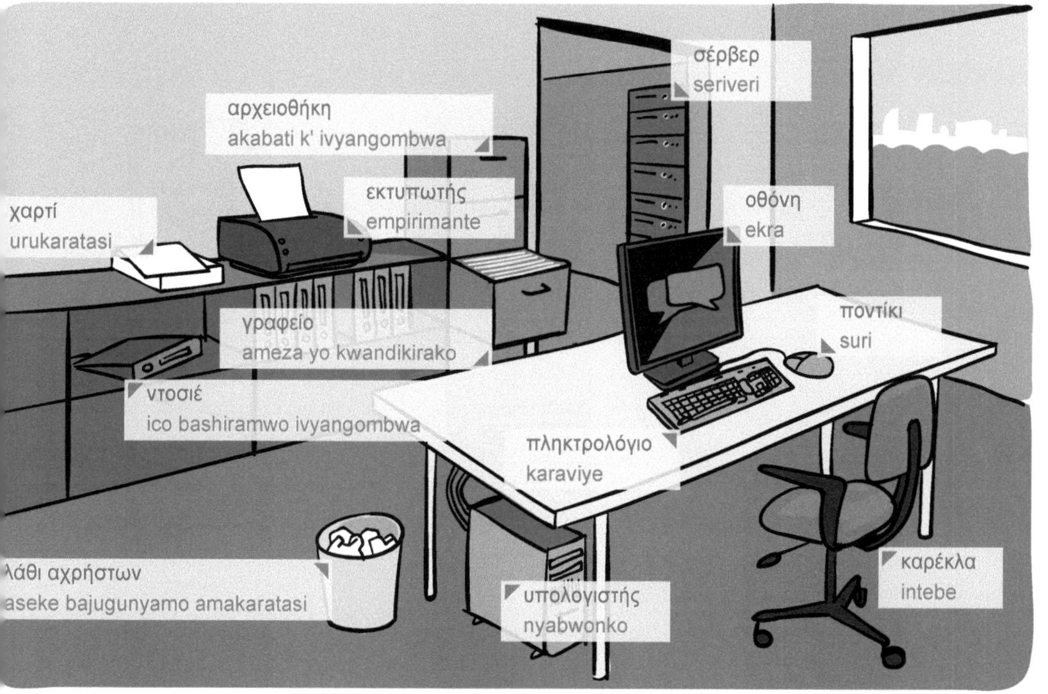

σέρβερ
seriveri

αρχειοθήκη
akabati k' ivyangombwa

εκτυπωτής
empirimante

οθόνη
ekra

χαρτί
urukaratasi

γραφείο
ameza yo kwandikirako

ποντίκι
suri

ντοσιέ
ico bashiramwo ivyangombwa

πληκτρολόγιο
karaviye

καλάθι αχρήστων
aseke bajugunyamo amakaratasi

υπολογιστής
nyabwonko

καρέκλα
intebe

κούπα του καφέ
igikombe c' ikawa

κομπιουτεράκι
imashini iharura

ίντερνετ
ubuhinga ngurukanabumenyi

λάπτοπ

inyabwonko ngendanwa

γράμμα

ikete

μήνυμα

ubutumwa

κινητό

telefoni ngendanwa

δίκτυο

rezo

φωτοτυπικό μηχάνημα

fotokopiyeze

λογισμικό

rojisiyeri

τηλέφωνο

telefoni

πρίζα

purize

συσκευή φαξ

fagisi

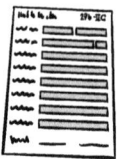

έντυπο

urukaratasi rwo kuzuza

έγγραφο

icangombwa

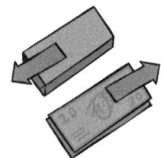

αγοράζω

kugura

πληρώνω

kuriha

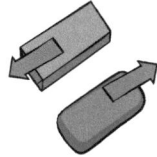

συναλλάσσομαι

kudandaza

χρήματα

amahera

δολάριο

idorari

ευρώ

iyero

γιεν

iyene

ρούβλι

amahera y' abarusiya

ελβετικό φράγκο

amahera y' abasuwisi

ρενμίνμπι γιουάν

amahera bita renmimbi
yuan

ρουπία

amahera bita rupi

ATM (αυτόματη ταμειακή
μηχανή)

icuma gitanga amahera

ανταλλακτήρια
συναλλάγματος

ku bavunjayi

χρυσός

inzahabu

ασήμι

umujumbu

πετρέλαιο

ipeteroli

ενέργεια

inguvu

τιμή

ikiguzi

συμβόλαιο

amasezerano

φόρος

amakori

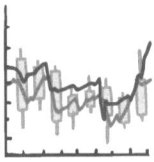

μετοχή

igice

δουλεύω

gukora

υπάλληλος

umukozi

εργοδότης

umukoresha

εργοστάσιο

ihinguriro

κατάστημα

akaduka

αστυνόμος
umupolisi

πυροσβέστης
umukozi ajejwe kuzimya umuriro

μάγειρας
umuboyi

γιατρός
umuganga

πιλότος
umudereva w' indege

κηπουρός
umukozi akora murikarima

ξυλουργός
umubaji

μοδίστρα
umushonyi

δικαστής
umucamanza

χημικός
umuhinga mu vya chimie

ηθοποιός
umukinyi w'amareresi

οδηγός λεωφορείου

umudereva w' ibisi

ταξιτζής

umudereva w' itagisi

ψαράς

umurovyi

καθαρίστρια

umuzezwanzukazi

τεχνίτης στεγών

sharupantiye

σερβιτόρος

umukozi wo muburiro
n'ubunywero

κυνηγός

umuhigi

ζωγράφος

umufundi w' amarangi

αρτοποιός

umuntu akora imikate

ηλεκτρολόγος

umufundi w' amatara

οικοδόμος

umwubatsi

μηχανολόγος

enjeniyeri

κρεοπώλης

umuyangayanga

υδραυλικός

umufundi w' amazi

ταχυδρόμος

umuparanto

στρατιώτης

umusoda

αρχιτέκτονας

umuntu acapa inyubako

ταμίας

umuntu yakira amahera

ανθοπώλης

umukozi ajejwe amashugwe

κομμωτής

kimyozi

ελεγκτής εισιτηρίων

kontororeri

μηχανικός

umufundi w' imiduga

καπετάνιος

umudereva w' ubwato

οδοντίατρος

umuganga w' amenyo

επιστήμονας

umuhinga mu vya siyansi

ραβίνος

umuhinga mu bayahudi bita rabi

ιμάμης

imame

μοναχός

umuvugiramana

ιερέας

umuvugiramana

εργαλεία
ibikoresho vy' ubwubatsi

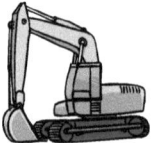

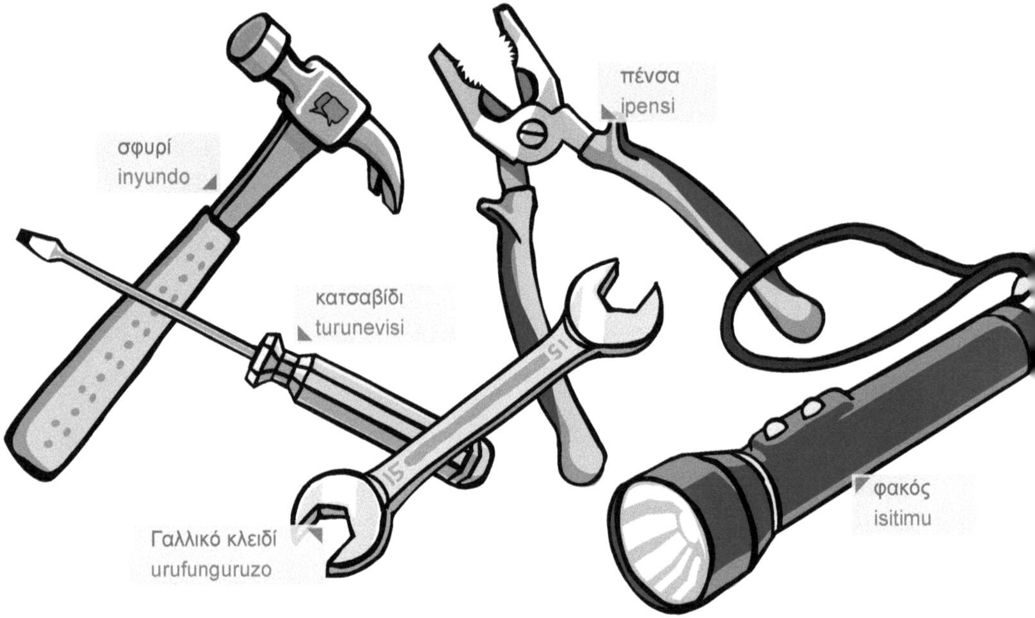

πένσα
ipensi
σφυρί
inyundo
κατσαβίδι
turunevisi
Γαλλικό κλειδί
urufunguruzo
φακός
isitimu

εκσκαφέας

tingatinga

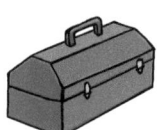

εργαλειοθήκη

isaho y' ibikoresho

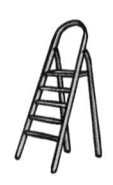

σκάλα

ingazi

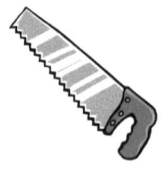

πριόνι

umusumeno

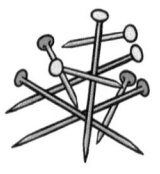

καρφιά

imisumari

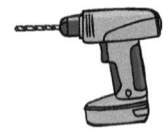

τρυπάνι

icuma bita foreuse

επισκευάζω

gukora

φτυάρι

igipawa

Να πάρει!

asyi!

φαράσι

agaterura umucafu

δοχείο χρωμάτων

indobo y' irangi

βίδες

ivis

μουσικά όργανα
ivyuma vyo gucuraranga

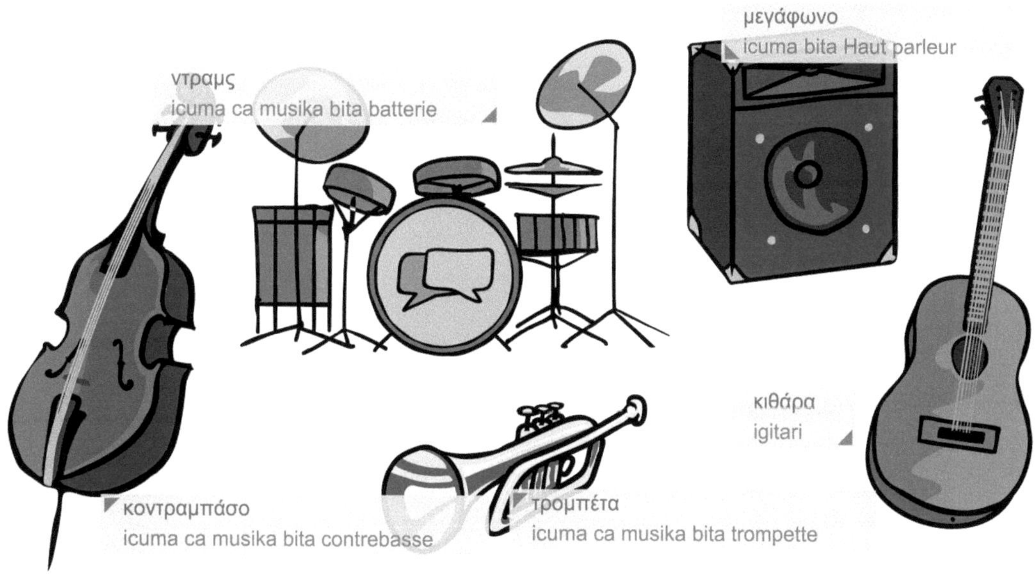

μεγάφωνο
icuma bita Haut parleur

ντραμς
icuma ca musika bita batterie

κιθάρα
igitari

κοντραμπάσο
icuma ca musika bita contrebasse

τρομπέτα
icuma ca musika bita trompette

πιάνο

icuma ca musika bita piano

βιολί

icuma ca musika bita violon

μπάσο

gitare icuranga Bass

τύμπανα

icuma ca musika bita timbale

τύμπανο

ingoma

πλήκτρα

icuma ca musika bita piano electrique

σαξόφωνο

icuma ca musika bita saxophone

φλάουτο

umwirongi

μικρόφωνο

mikoro

ζωολογικός κήπος
iratiro ry' ibikoko

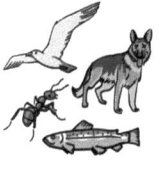

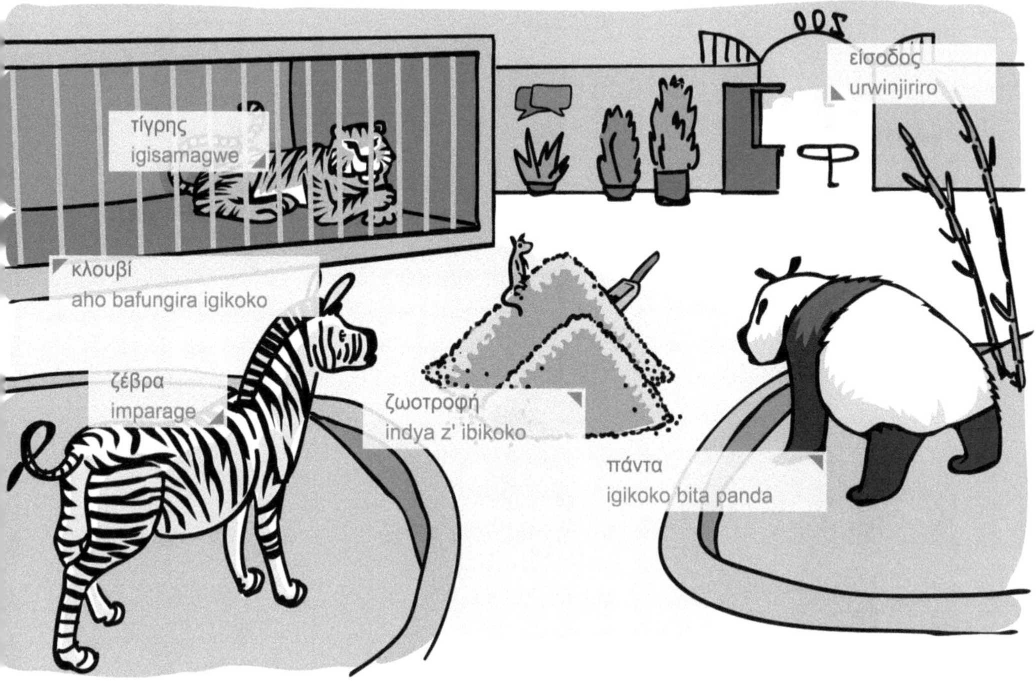

zoo
είσοδος
urwinjiriro
τίγρης
igisamagwe
κλουβί
aho bafungira igikoko
ζέβρα
imparage
ζωοτροφή
indya z' ibikoko
πάντα
igikoko bita panda

ζώα

ibikoko

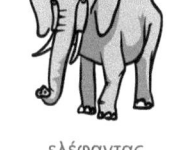

ελέφαντας

inzovu

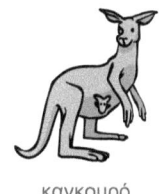

καγκουρό

Kanguru

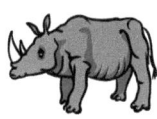

ρινόκερος

igikoko bita Rhynoceros

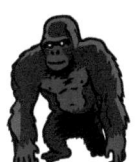

γορίλας

inguge

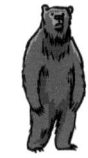

αρκούδα

igikoko bita ours

καμήλα

ingamiya

στρουθοκάμηλος

inyoni bita autriche

λιοντάρι

intare

πίθηκος

inkende

φλαμίνγκο

inyoni bita flamant rose

παπαγάλος

gasuku

πολική αρκούδα

igikoko bita ours blanc

πιγκουίνος

inyoni bita pinguin

καρχαρίας

ifi bita requin

παγώνι

inyoni bita paon

φίδι

inzoka

κροκόδειλος

ingona

φύλακας ζωολογικού κήπου

umurinzi w' iratiro ry' ibikoko

φώκια

igikoko bita phoque

τζάγκουαρ

igikoko bita jaguar

πόνυ

ubwoko bw' ifarasi bita pony

λεοπάρδαλη

ingwe

ιπποπόταμος

imvubu

καμηλοπάρδαλη

umusumbarembo

αετός

agaca

αγριογούρουνο

ingurube y' ishamba

ψάρι

ifi

χελώνα

akanyamasyo

θαλάσσιος ίππος

igikoko bita morse

αλεπού

imbwebwe

γαζέλα

ingeregere

Αμερικάνικο ποδόσφαιρο
urukino rwa football yo muri amerika

ποδηλασία
ugusiganwa ku makinga

αντισφαίριση
urukino rwa tennis

μπάσκετ
urukino rwa basketball

κολύμβηση
koga

πυγμαχία
urukino rw' ingumu

χόκεϊ επί πάγου
urukino rwa ice-hockey

ποδόσφαιρο
umupira w'amaguru

μπάντμιντον
urukino rwa badminton

στίβος
ubunonotsi

χάντμπολ
urukino rwa handball

σκι
urukino rwa ski

πόλο
urukino rwa Polo

δραστηριότητες
imirimo

γελάω
gutwenga
πηδάω
gusimba
αγκαλιάζω
kugumbirana
περπατάω
kugenda
τραγουδάω
kuririmba
ονειρεύομαι
kurota
προσεύχομαι
gusenga
φιλάω
gusoma

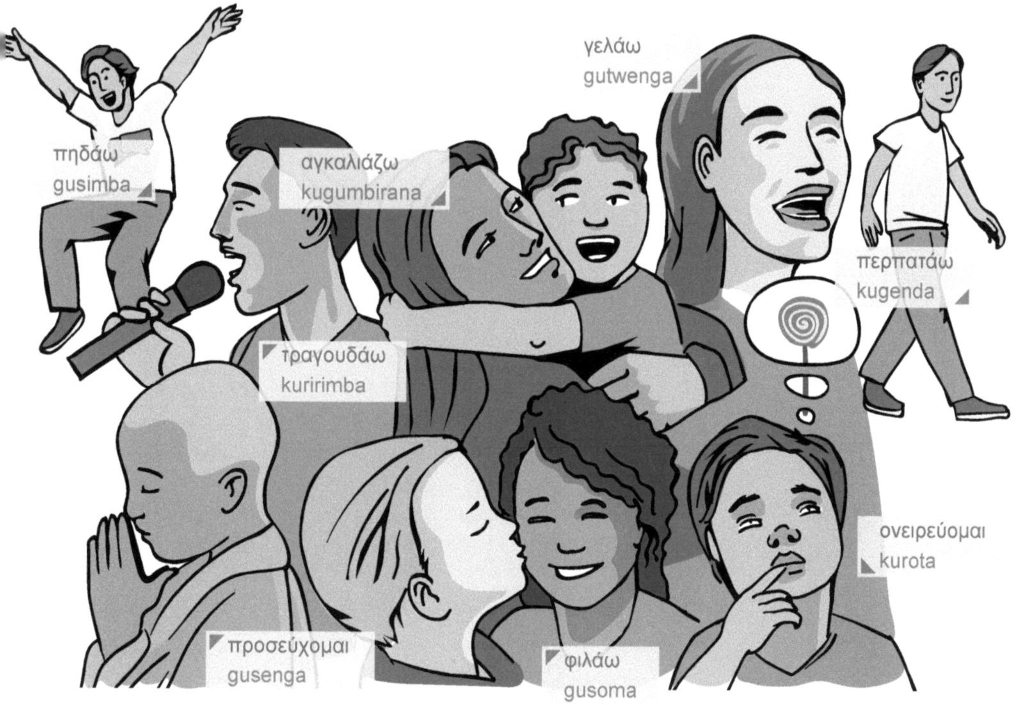

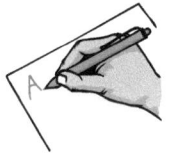

γράφω
kwandika

σχεδιάζω
gucapa

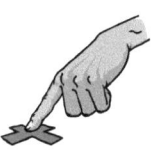

δείχνω
kwereka

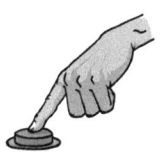

πιέζω
gusuguma

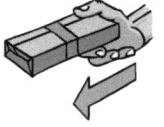

δίνω
gutanga

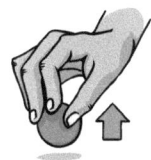

παίρνω
gutora

έχω

kugira

κάνω

kugira

είμαι

kuba

στέκομαι

guhagarara

τρέχω

kwiruka

τραβάω

gukwega

ρίχνω

guta

πέφτω

gutemba

ξαπλώνω

kurambarara hasi

περιμένω

kurindira

κουβαλώ

gutwara

κάθομαι

kwicara

φοράω

kwambara

κοιμάμαι

kuryama

ξυπνάω

kuvyuka

κοιτάω

kuraba

κλαίω

kurira

χαϊδεύω

kwagaza

χτενίζω

gusokoza

μιλάω

kuvuga

καταλαβαίνω

gutahura

ρωτάω

kubaza

ακούω

kumviriza

πίνω

kunywa

τρώω

gufungura

συγυρίζω

gutondeka

αγαπάω

gukunda

μαγειρεύω

guteka

οδηγώ

gutwara

πετάω

kuguruka

κάνω ιστιοπλοΐα

kugira siporo bita voile

υπολογίζω

guharura

διαβάζω

gusoma

μαθαίνω

kwiga

δουλεύω

gukora

παντρεύομαι

kurongora

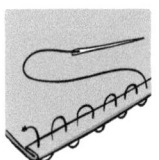

ράβω

gushona

βουρτσίζω τα δόντια

kwijigitura

σκοτώνω

kwica

καπνίζω

kunywa itabi

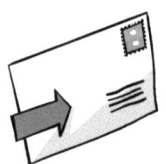

στέλνω

kurungika

οικογένεια
umuryango

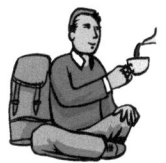

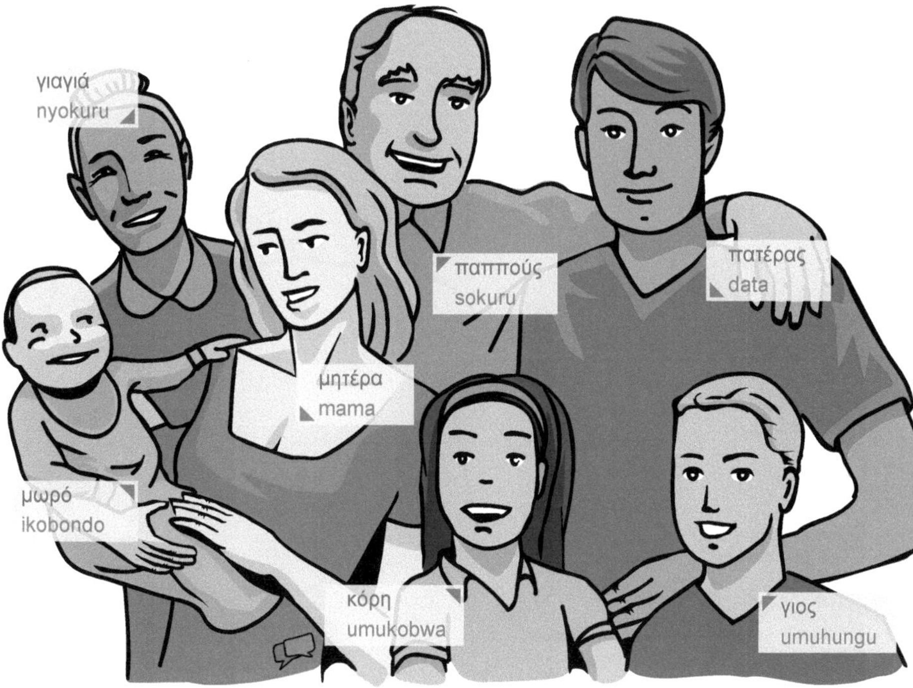

γιαγιά
nyokuru
παππούς
sokuru
πατέρας
data
μητέρα
mama
μωρό
ikobondo
κόρη
umukobwa
γιος
umuhungu

καλεσμένος
....
umushitsi

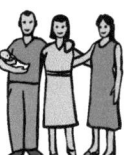

θεία
....
masenge

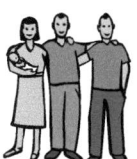

θείος
....
marume

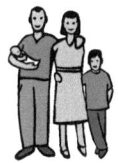

αδελφός
....
musaza w' umuntu

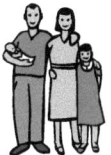

αδελφή
....
mushiki w' umuntu

σώμα

umubiri

μέτωπο
agahanga
μάτι
ijisho
ώμος
urutugu
δάχτυλο
urutoki
πρόσωπο
isura
πιγούνι
agasakanwa
χέρι
ikiganza
πόδι
ukuguru
στήθος
agatuntu
βραχίονας
ukuboko

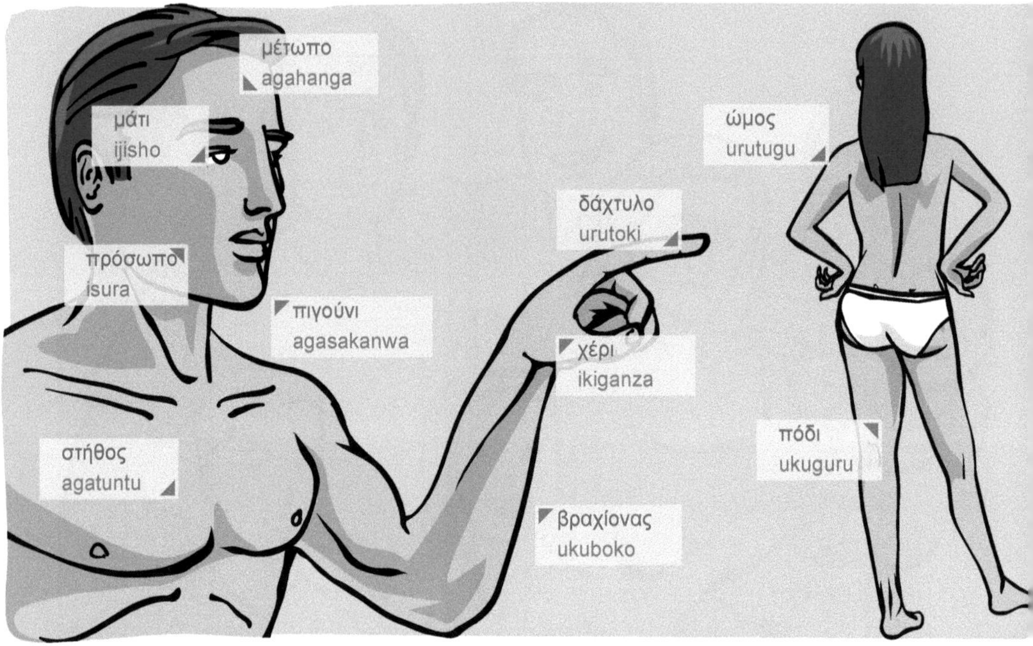

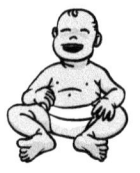

μωρό

ikobondo

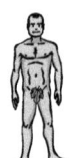

άνδρας

umugabo

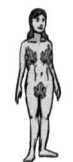

γυναίκα

umugore

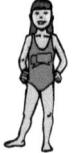

κορίτσι

umwigeme

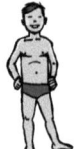

αγόρι

umuhungu

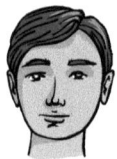

κεφάλι

umutwe

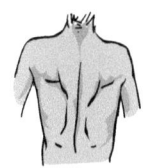

πλάτη

umugongo

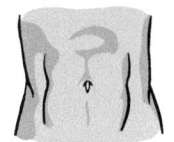

κοιλιά

inda

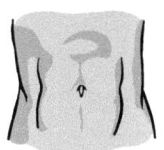

αφαλός

umukondo

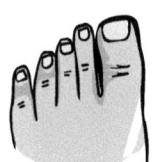

δάχτυλο ποδιού

ino

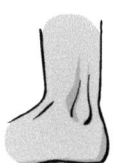

φτέρνα

agatsintsiri

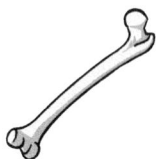

κόκκαλο

igufa

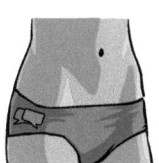

γοφός

ku mafyigo

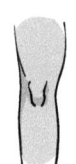

γόνατο

ivi

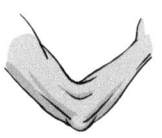

αγκώνας

inkokora

μύτη

izuru

γλουτός

igisusu

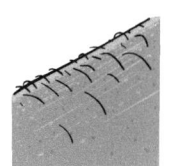

δέρμα

urukoba

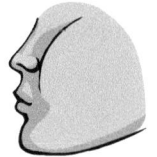

μάγουλο

itama

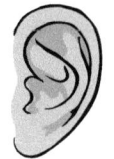

αυτί

ugutwi

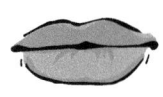

χείλος

umunwa

στόμα
umunwa

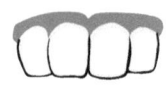

δόντι
iryinyo

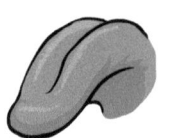

γλώσσα
ururimi

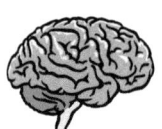

εγκέφαλος
ubwonko

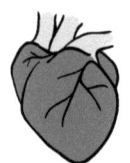

καρδιά
umutima

μυς
umutsi

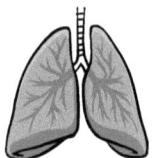

πνεύμονας
ihaha

συκώτι
igitigu

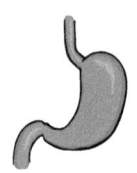

στομάχι
umushishito

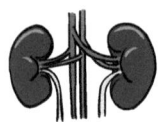

νεφρά
amafyigo

σεξουαλική επαφή
kurangura amabanga
y'abubatse

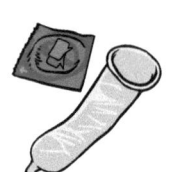

προφυλακτικό
agapfuko

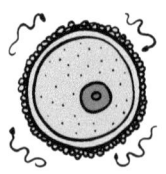

ωάριο
imbuto y' umugore

σπέρμα
imbuto y'umugabo

εγκυμοσύνη
imbanyi

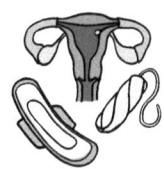

περίοδος

kuja mu kwezi

γυναικείος κόλπος

igituba

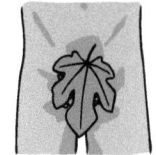

πέος

imboro

φρύδι

ingohe

μαλλιά

umushatsi

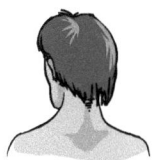

λαιμός

izosi

νοσοκομείο
ibitaro

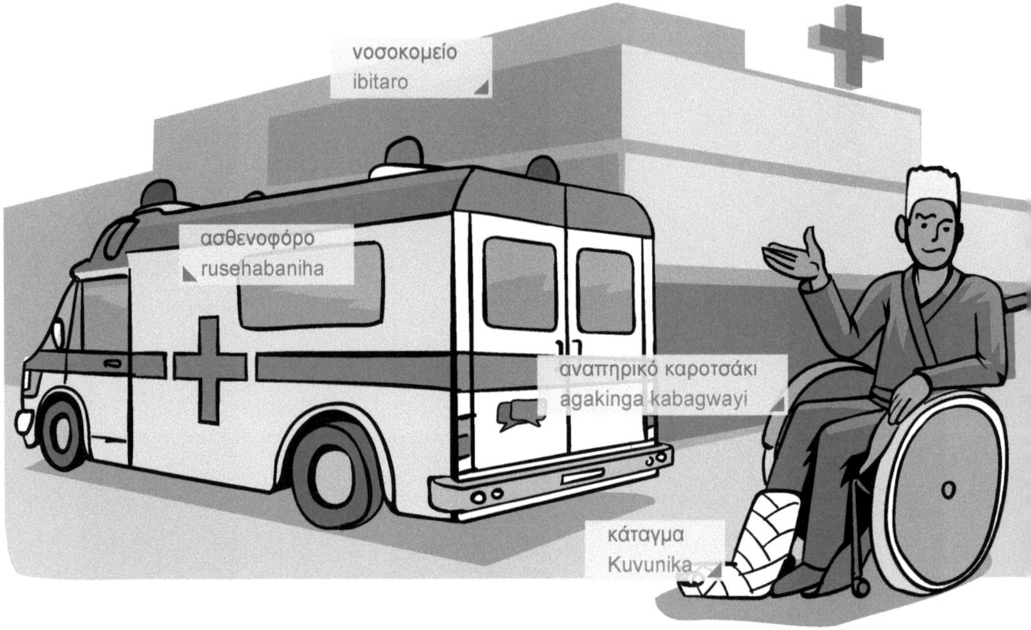

νοσοκομείο
ibitaro
ασθενοφόρο
rusehabaniha
αναπηρικό καροτσάκι
agakinga kabagwayi
κάταγμα
Kuvunika

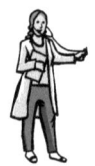

γιατρός

umuganga

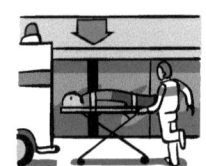

μονάδα εντατικής θεραπείας

mundembe

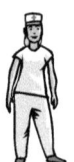

νοσοκόμα

umuforomokazi

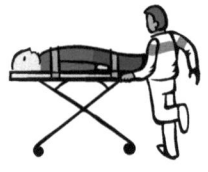

έκτακτη ανάγκη

irijanse

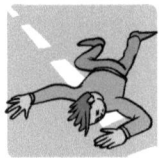

λιπόθυμος

guta ubwenge

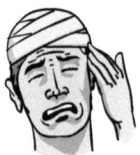

πόνος

ububabare

τραύμα

igikomere

αιμορραγία

kuva amaraso

έμφραγμα

uguhagarara k' umutima

εγκεφαλικό

kuvira indani

αλλεργία

guhurirwa

βήχας

inkorora

πυρετός

ubushuhe bw'umubiri

γρίπη

giripe

διάρροια

gucibwamwo

πονοκέφαλος

kumeneka umutwe

καρκίνος

Kanseri

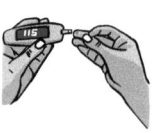

διαβήτης

Diyabeti

χειρουργός

muganga ajejwe kubaga

νυστέρι

akuma ka muganga ubaga

εγχείρηση

kubagwa

αξονική τομογραφία

sikaneri

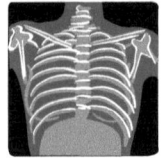

ακτινογραφία

radiyogarafi

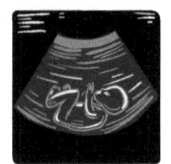

υπέρηχος

ekogarafi

μάσκα

masike

ασθένεια

indwara

αίθουσα αναμονής

aho kurindirira

πατερίτσα

icishimikizo

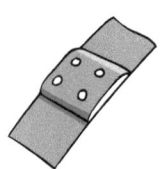

χάνσαπλαστ

gufuka igikomere

επίδεσμος

gufuka igikomere

ένεση

gutera urushinge

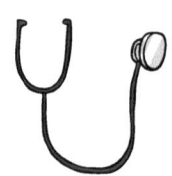

στηθοσκόπιο

icuma cumviriza amahaha n'umutima

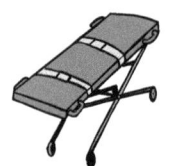

φορείο

ingovyi

θερμόμετρο

igipima umuriro w' umubiri

γέννηση

kuvuka

υπέρβαρο

umuvyibuho urengeje

ακουστικό βαρηκοΐας

igifasha umuntu kumva neza

αντισηπτικό

imiti y' ibikomere

λοίμωξη

kwandura

ιός

umugera

HIV/AIDS

umugera wa sida

φάρμακο

ubuvuzi

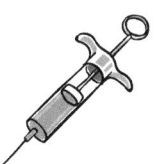

εμβολιασμός

guhabwa urucanco

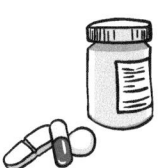

δισκία

ibinini

χάπι

ikinini mbonezamvyaro

κλήση έκτακτης ανάγκης

telefone itabaza

πιεσόμετρο αίματος

igipima umuvuduko w' amaraso

άρρωστος / υγιής

arwaye / akomeye

Βοήθεια!

muntabare!

συναγερμός

ikengere

βιαιοπραγία

igitero

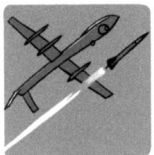

επίθεση

igitero

κίνδυνος

ibihe bikomeye

έξοδος κινδύνου

icanzo

Φωτιά!

umuriro!

πυροσβεστήρας

ikizimyamwoto

ατύχημα

isanganya

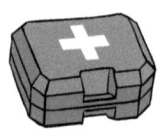

κουτί πρώτων βοηθειών

isanduku y' ubutabazi

SOS

ubutabazi

αστυνομία

igipolisi

Ευρώπη

Buraya

Βόρεια Αμερική

Uburaruko bw' amerika

Νότια Αμερική

Ubumanuko bw' amerika

Αφρική

Afurika

Ασία

Aziya

Αυστραλία

Ositarariya

Ατλαντικός Ωκεανός

ibahari y' Antalantika

Ειρηνικός Ωκεανός

ibahari ya Pasifika

Ινδικός Ωκεανός

ibahari y' Ubuhinde

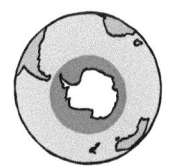

Ανταρκτικός Ωκεανός

ibahari y' Antaragitika

Αρκτικός Ωκεανός

ibahari y' Aragitika

Βόρειος Πόλος

Uburaruko bw' umubumbe
w' isi

Νότιος Πόλος

Ubumanuko bw' umubumbe
w' isi

Ανταρκτική

antaragitika

Γη

isi

γη

isi

θάλασσα

ibahari

νησί

izinga

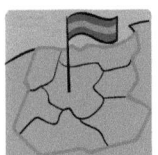

έθνος

igihugu

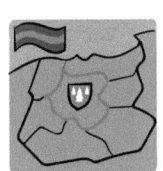

πολιτεία

reta

καντράν ρολογιού

aho barabira isaha

ωροδείκτης

urushinge rw' amasaha

λεπτοδείκτης

urushinge rw' iminota

δείκτης δευτερολέπτων

urushinge rw' amasegonda

Τι ώρα είναι;

ni gihe ki?

ημέρα

umunsi

χρόνος

igihe

τώρα

ubu nyene

ψηφιακό ρολόι

isaha ya electronique

λεπτό

umunota

ώρα

isaha

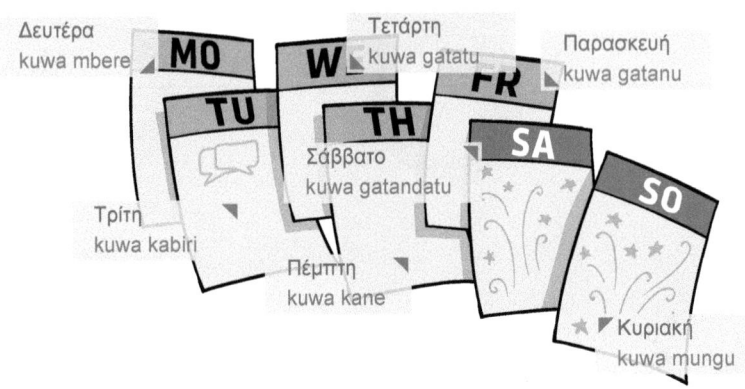

Δευτέρα
kuwa mbere

Τετάρτη
kuwa gatatu

Παρασκευή
kuwa gatanu

Τρίτη
kuwa kabiri

Σάββατο
kuwa gatandatu

Πέμπτη
kuwa kane

Κυριακή
kuwa mungu

χθες

ejo haheze

σήμερα

ubunyene

αύριο

ejo hazoza

πρωί

mu gatondo

μεσημέρι

sasita

βράδυ

ku mugoroba

MO	TU	WE	TH	FR	SA	SU
1	2	3	4	5	6	7
8	9	10	11	12	13	14
15	16	17	18	19	20	21
22	23	24	25	26	27	28
29	30	31	1	2	3	4

εργάσιμες ημέρες

iminsi y' ibikorwa

MO	TU	WE	TH	FR	SA	SU
1	2	3	4	5	6	7
8	9	10	11	12	13	14
15	16	17	18	19	20	21
22	23	24	25	26	27	28
29	30	31	1	2	3	4

Σαββατοκύριακο

weekende

έτος

umwaka

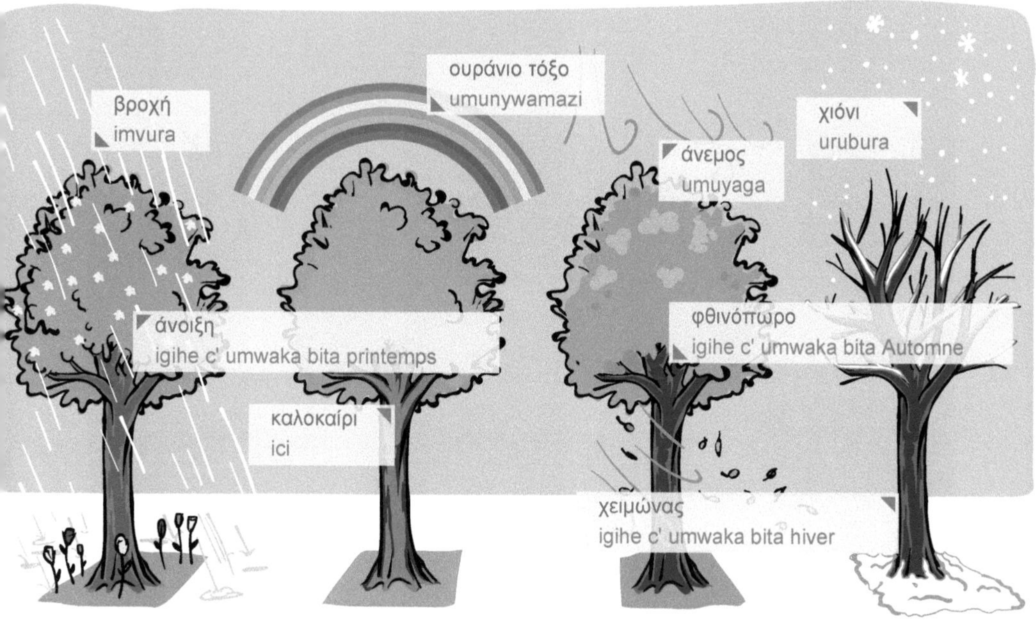

βροχή
imvura
ουράνιο τόξο
umunywamazi
χιόνι
urubura
άνεμος
umuyaga
άνοιξη
igihe c' umwaka bita printemps
φθινόπωρο
igihe c' umwaka bita Automne
καλοκαίρι
ici
χειμώνας
igihe c' umwaka bita hiver

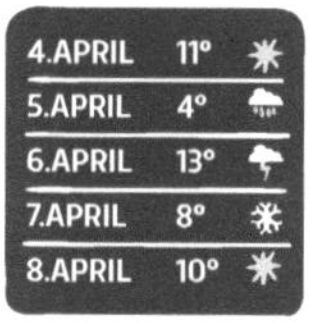

4.APRIL 11°
5.APRIL 4°
6.APRIL 13°
7.APRIL 8°
8.APRIL 10°

πρόγνωση καιρού

ikirangabihe

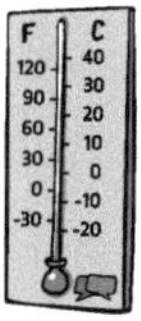

F C
120 40
90 30
60 20
30 10
0 0
-30 -10
-20

θερμόμετρο

igipima ubushuhe bw' umubiri

λιακάδα

ubuseruko bw' izuba

σύννεφο

igicu

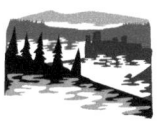

ομίχλη

igipfungu

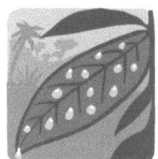

υγρασία

ifira

αστραπή

umuravyo

κεραυνός

inkuba

καταιγίδα

igihuhusi

χαλάζι

urubura

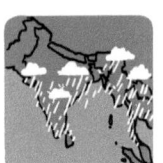

μουσώνας

igihuhusi bita mousson

πλημμύρα

umwuzure

πάγος

ibarafu

Ιανουάριος

nzero

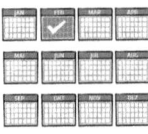

Φεβρουάριος

ruhuhuma

Μάρτιος

ntwarante

Απρίλιος

ndamukiza

Μάιος

rusama

Ιούνιος

ruhenshi

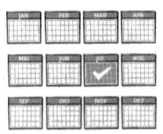

Ιούλιος

mukakaro

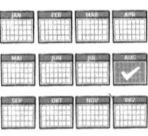

Αύγουστος

myandagaro

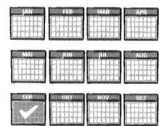

Σεπτέμβριος

nyakanga

Οκτώβριος

gitugutu

Νοέμβριος

munyonyo

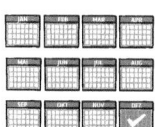

Δεκέμβριος

migarama

σχήματα
forume geometrike

κύκλος

umuzingi

τετράγωνο

ikwadarato

ορθογώνιο
παραλληλόγραμμο
urikiramende

τρίγωνο

inyabutatu

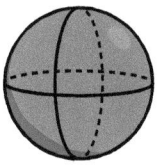

σφαίρα

umubumbe

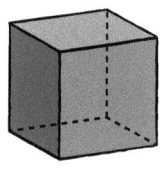

κύβος

agasandugu

άσπρο

ibara ryera

κίτρινο

ibara ry' umuhondo

πορτοκαλί

ibara risa n' umucungwe

ροζ

ibara rya rose

κόκκινο

ibara ritukura

μωβ

ibara rya mauve

μπλε

ibara ry' ubururu

πράσινο

ibara ry'icatsi kibisi

καφέ

ibara ry' igihogo

γκρι

ibara rya gris

μαύρο

ibara ryirabura

πολύ / λίγο

vyinshi / bikeyi

θυμωμένος / ήρεμος

washavuye / utekereje

όμορφος / άσχημος

mwiza / mubi

αρχή / τέλος

intanguriro / iherezo

μεγάλος / μικρός

kinini / gitoyi

φωτεινός / σκοτεινός

gikeye / cijimye

αδελφός / αδελφή

musaza w' umuntu / mushiki w' umuntu

καθαρός / λερωμένος

gisukuye / gicafuye

πλήρης / ατελής

gikwiye / gicagatiye

ημέρα / νύχτα

umunsi / ijoro

νεκρός / ζωντανός

wapfuye / ariho

φαρδύς / στενός

cagutse / caga

βρώσιμος / μη βρώσιμος

kiryoshe / kibishe

κακός / ευγενικός

umutima mubi / umutima mwiza

ενθουσιασμένος / βαριεστημένος

anezerewe / arambiwe

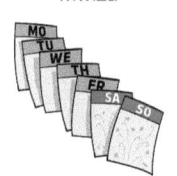

παχύς / λεπτός

kivyibushe / conze

πρώτος / τελευταίος

cambere / canyuma

φίλος / εχθρός

umugenzi / umwansi

γεμάτος / άδειος

cuzuye / kiri gusa

σκληρός / μαλακός

kigumye / coroshe

βαρύς / ελαφρύς

kiremereye / gihwahutse

πείνα / δίψα

inzara / inyota

άρρωστος / υγιής

arwaye / akomeye

παράνομος / νόμιμος

cemewe n'amategeko / kitemewe n'amategeko

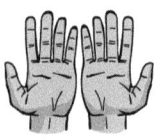

έξυπνος / χαζός

incabwenge / ikijuju

αριστερός / δεξιός

ibubamfu / iburyo

κοντινός / μακρινός

hafi / kure

αντίθετα - ikinyurane

καινούριος /
μεταχειρισμένος
gishasha / gishaje

τίποτα / κάτι
ntaco / kiriho

γέρος | νέος
umutama / urwaruka

αναμμένος / σβηστός
kwatsa / kuzimya

ανοιχτός / κλειστός
kugurura / kugara

χαμηλόφωνος /
μεγαλόφωνος
gitekereje / gifise urwamo

πλούσιος / φτωχός
umutunzi / umukene

σωστός / λανθασμένος
nivyo / sivyo

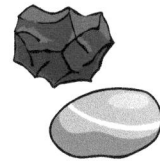

τραχύς / λείος
kigoramye / kigororotse

λυπημένος / χαρούμενος
ashavuye / anezerewe

κοντός / μακρύς
kigufi / kirekire

αργός / γρήγορος
kigenda bukebuke /
kinyaruka

υγρός / στεγνός
gitose / cumye

ζεστός / δροσερός
gishushe buhoro / gikanye
buhoro

πόλεμος / ειρήνη
intambara / amahoro

αντίθετα - ikinyurane

0	**1**	**2**
μηδέν	ένα	δύο
ubusa	rimwe	kabiri

3	**4**	**5**
τρία	τέσσερα	πέντε
gatatu	kane	gatanu

6	**7**	**8**
έξι	εφτά	οκτώ
gatandatu	indwi	umunani

9	**10**	**11**
εννιά	δέκα	έντεκα
icenda	cumi	cumi na rimwe

12

δώδεκα

cumi na kabiri

13

δεκατρία

cumi na gatatu

14

δεκατέσσερα

cumi na kane

15

δεκαπέντε

cumi na gatanu

16

δεκαέξι

cumi na gatandatu

17

δεκαεφτά

cumi n' indwi

18

δεκαοκτώ

cumi n' umunani

19

δεκαεννέα

cumi n' icenda

20

είκοσι

mirongo ibiri

100

εκατό

ijana

1.000

χίλια

igihumbi

1.000.000

εκατομμύριο

umuriyoni

Αγγλικά

Icongereza

Αμερικάνικα Αγγλικά

Icongereza co muri Amerika

Μανδαρίνικα Κινέζικα

Mandare kivugwa mu bushinwa

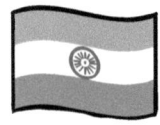

Χίντι

Igihinde

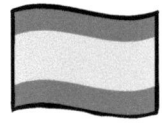

Ισπανικά

Ikispaniya

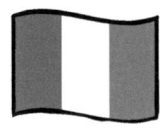

Γαλλικά

Igifaransa

Αραβικά

Icarabu

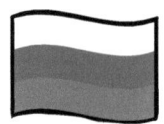

Ρώσικα

Ikirusiya

Πορτογαλικά

Igiporitigare

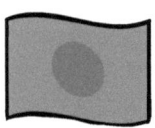

Μπενγκάλι

Ikibengare

Γερμανικά

Ikidage

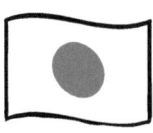

Ιαπωνικά

Ikiyapani

εγώ

jewe

εσύ

wewe

αυτός / αυτή / αυτό

we / we / co

εμείς

twebwe

εσείς

mwebwe

αυτοί / αυτές / αυτά

bo

ποιος / ποια / ποιο;

inde?

τι;

iki?

πώς;

gute?

πού;

hehe?

πότε;

ryari?

όνομα

izina

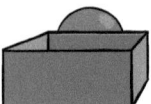

πίσω

inyuma ya

μέσα

indani ya

μπροστά

imbere ya

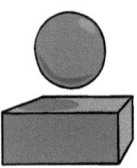

πάνω από

hejuru ya

πάνω

ku

κάτω

munsi ya

δίπλα

mu mbavu ya

ανάμεσα

hagati ya

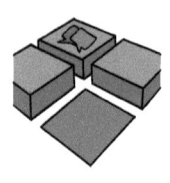

μέρος

ikibanza